Alfred Kaufmann

# Dem seltsamen Orangenmond verschrieben

Alfred Kaufmann

# Dem seltsamen
# Orangenmond verschrieben

## Neun Blättersträuße

### Gedichte

**Bibliografische Information Der Deutschen Bibliothek**
Die Deutsche Bibliothek verzeichnet diese Publikation in der
Deutschen Nationalbibliografie; detaillierte bibliografische
Daten sind im Internet über http://dnb.ddb.de abrufbar

Schriftart: Helvetica 11°
Herstellung: Satz*A*telier Cavlar
Printed in Germany
**ISBN 3-89950-011-3**

*„Du fängst mich auf, ich kann nicht fallen, du ziehst das Meer an und lässt es los, du wandelst dich und bist zufrieden, du lachst die Nacht zum schönsten Tag."*

# Der erste Blätterstrauß

# Nichts Besonderes

„Warum schaust du eigentlich
die ganze Zeit
nach oben,
da ist doch
gar nichts Besonderes?"

„Damit du mich fragst,
warum ich die ganze Zeit
nach oben schaue,
deswegen."

„Wie?"

„Na ja, neulich habe ich
die ganze Zeit
nach unten gesehen,
da hast du mich gleich gefragt,
warum,
und dass dort
nichts Besonderes sei."

„Ja, und was habe ich
noch zu dir gesagt?"

„Dass ich geradeaus schauen soll."

„Genau, also."

„Aber warum eigentlich,
da ist ja auch
gar nichts Besonderes,
oder?"

# Nett

Ich sei nett, sagst du.

Nett?

Kurz, keimfrei,
keine Kanten.

Hektisch
haltbare, handliche, heile,
hohle Harmonie hegen.

Noch niemals nein
neigt netter Niemand
nach netten Neurosen.

Nett?

Passt in jede Tasche.

Nett?

Njet!

# Mit meinen eigenen Beinen mithalten

Auf dem Weg
zu dir
male ich noch
eben schnell
all
die grauen Häuserwände
rosa an,

schleudere jedem,
der mir entgegen kommt,
unbarmherzig
mein freundlichstes Lächeln
an den Kopf,

und kann schließlich
kaum mehr
mit meinen eigenen
Beinen mithalten,
die,
wie der Rest
von mir,
nur eines wollen:
zu dir.

# Keine wie du

Ein Mond
lässt das Wasser
tanzen,

und
keine die Sonne,
keine so tief,
keine wie du,

im Nu
zum Schmetterling beflügelt
um deine
Blumen tanzen,

tanzen,

und
keine die Wurzel,
keine die Farben,
keine den Duft,

keine
so wie du.

# Sehnsucht nach Berlin

Ich habe meine Sehnsucht fotografiert.
Polaroid.
Ich schicke sie dir in einem Traum.
Paranoid.

Ich träume mir einen Bus.
Hinter mir sitzt eine alte Frau und liest.
Sie hält das Buch verkehrt herum.

Der Fahrer schiebt eine Kassette in den Recorder.
Der Rhythmus lässt uns immer schneller werden,
abheben, fliegen.

„Ich kann doch nicht schwimmen!",
ruft die alte Dame in Richtung nach vorne.

Doch der Fahrer kann es nicht hören,
denn da ist kein Fahrer mehr.

Aber das macht ihr nichts,
weil sie längst schon wieder liest.

Ich nehme mir einen Kaugummi,
sonst schnappen mir die Ohren zu.

Da klopft sie mir heftig auf die Schulter.
„Hoffentlich ohne Zucker, junger Mann,
an welcher Station steigen Sie eigentlich aus?"

Ich drehe mich nicht um,
erzähle ihr etwas von
„Sehnsucht, Fotografie, Traum."

„Dann müssen Sie ja bei der nächsten raus!"
Die faltigen Hände lassen endlich von mir,
wühlen hektisch und zaubern einen Fallschirm hervor.

So steht sie nun vor mir.
„Wenn Sie stehen, sehen Sie viel jünger aus",
ist alles, was mir einfällt, aber es stimmt.

Sie lächelt einen Triumph lang.
„That's a parachute, my boy,
jetzt schnell, du landest genau
an der kaputten Mauer,
und lass die Schuhe an,
du weißt schon, wegen dem Stacheldraht.

Mach dir keine Sorgen um dich, um mich,
ich hab immer einen Rettungsring dabei,
du weißt doch, ich kann nicht schwimmen,
hast du das Foto?"

Beim Fallen merke ich,
dass ich meine Angst oben vergessen habe,
und alles ist genau so,
wie sie es wohl schon lange wusste.

Und jetzt, jetzt ist es
nicht mehr weit zu dir, oder?

# Wahl der Qual

Stiefel
betonen
Schritte
aus unserer Mitte,
rechts zurück ins
Dritte,

reich an
Befehlen,
die andere
quälen,
wo Leben nichts
zählen,
das können wir,

wählen
Parteien,
die flüstern und
schreien,
Orden
verleihen,
an Flossen von
Haien,

wer soll uns
noch mal
verzeihen?

# Seine Frau

Genau zwei Monate
den Ring,
dann ging er,
zu viele Jahre
ist das her.

Zwei Briefe konnte
er nur schreiben,
Frau hat sie
heute noch,
in ihrem Herzen schlägt
dieser eine Satz.

Es ist,
als sei er
erst gestern fort
und
käme morgen
vielleicht schon wieder.

Und
Frau liebt ihn,
liebt ihn
wohl noch mehr,
als wenn er
nie gegangen wär'.

# Zart zu zart

O 2 Frauen,
hart zu zart,
wolltet Lippen, keinen Bart.

O 2 Frauen,
Hand in Hand,
konntet schneiden, was verband.

O 2 Frauen,
Blick für Blick,
immer weiter, kein Zurück.

O 2 Frauen,
Mund an Mund,
alle Farben, höllisch bunt.

O 2 Frauen,
zart zu zart,
köstlich kurz, die Gegenwart.

O 2 Frauen,
Hand in Pfand,
konntet flüchten, liebes Land.

# Saxophon

Saxophon,
und du tanzt,
tanzt das Saxophon,

schließt die Augen,
spürst,
wo Blicke berühren,
breitest die Arme aus,
willst nicht umarmen,
flüsterst:
„Tom waits,
Tom waits for me",

malst mit den Füßen
Kreuze in die Melodie
und tanzt,
tanzt das Saxophon,

erwachst ausgerechnet
in my direction,

„Sorry, I' ve been watching you",
doch du nimmst meine Hände
und fragst:
„John will wait for me?"

"For sure",

und du lächelst,
und du tanzt,
tanzt das Saxophon.

# Herbstsee

Von Tausendgrün bis Tausendrot,
die Farben spielen
der Kinder Leichtigkeit,
ein Rauschen hören, fühlen,
zur Ewigkeit bereit.

Stimmen aus der Ferne,
Gewissheit einer Wärme
macht auch die Kälte schön,
Geborgenheit ohne Schwärme,
Erleben lässt den Augenblick
unbeschwert vergeh'n.

Verschwommen silberne Lebendigkeit,
und in der Luft,
zwanglos heitere Melodie,
die Welt verbreitet ihren heutigen Duft
in selbstgemalter Poesie.

Von Bäumen schweben Boote,
sanfte Frische bewegt
ein Streicheln,
das ich fast vergaß,
einfach zärtlich unentwegt,
spiegelt Sehnsucht sich im Nass.

# Sehnsucht nach dir

Die Augen schließen
und versinken,
versinken im Meer
der Musik
und der Gedanken
an dich.

Fallen, schweben, vergessen
oder umgekehrt,
ich weiß es
nicht mehr,

es atmet tief
aus mir heraus
und durch den Luftzug
werden meine Segelschiffe
ganz sanft voran getrieben,

denn dort,
wo der Horizont
das Wasser berührt,
irgendwo da
musst du sein.

# Was zählt?

Und dann fragst du mich:
„Was zählt?"

„Hm, komm mal her, kleiner Junge,
ja genau, du mit den blonden Locken,
kannst du mir dein Lächeln geben,
nur für fünf Minuten?"

„Nein!"

Okay, weißt ja auch nicht,
ob du das, was du verleihst,
wirklich wieder zurück bekommst.

Und du fragst mich wieder:
„Was zählt?", und meinst,
dieser Junge sei wohl noch zu grün hinter den Ohren,
um ...

Zu grün?

„Ja,
du hast Recht,
wie diese Ampel da vorne."

Die zeigt gerade Rot?

„Ist doch nicht so wichtig,
außerdem können Ohren auch rot sein,
zum Beispiel,
wenn man aufgeregt ist oder unsicher.

Das sei nicht unwichtig?

„Natürlich,
stimmt schon,
einerseits ist es nicht egal,
ob diese Ampel nun Rot oder Grün anzeigt,
zumal hier so viele Kinder mit diesem Lächeln im Gesicht
spielen",
das würde dann einfach kaputtgefahren,
aber andererseits, andererseits musst du jetzt gehen,
Termine, schon klar.

Ich bleibe hier,
der Kleine mit den blonden Locken fragt,
ob ich mitspielen will: Verstecken.

„Du musst
die Augen ganz fest zumachen und ganz langsam
bis fünfzig zählen.
Und nicht schummeln,
gell?!"

Also,
„Eins, zwei, drei ..."

Ach ja,
was zählt?

Ich zähle!

# Kaugummi

„Die Beziehung zwischen einem Mann
und einer Frau
ist wie ein Kaugummi",

sagst du,

„Erst genießt Mann den
süßen, aromatischen Geschmack,
dann kaut Mann aus Gewohnheit
darauf herum,
um ihn irgendwann doch auszuspucken",

sagst du
und verschluckst dich
fast.

# Die Sonne verschlafen

Morgens,
in der Hoffnung
auf die Sonne
aufgestanden,
gewartet,
vergebens.

Abends,
in der Hoffnung
auf die Sterne
aufgeblieben,
gewartet,
vergebens.

Am nächsten Morgen,
weil immer noch Hoffnung
auf die Sonne
mit aller Kraft
wach bleiben wollen,
es nicht geschafft,
und die Sonne,
die schien,
verschlafen.

# Verpasst

Nie gelacht, oft geweint,
immer stumm, nichts gemeint,
lieber dumm, als gescheit,
zu passiv, nie bereit.

Meist so kalt, niemals warm,
Freude selten, nur noch Harm,
alles lustlos, nichts behagt,
nur geschluckt, nie beklagt,
nichts geliebt, viel gehasst,
alles versiebt, Leben verpasst.

# Komm, kleiner Träumer

Komm, kleiner Träumer,
lass es heraus,
du darfst dort innen kochen,
bis du vor Glück überschäumst.

Komm, kleiner Träumer,
niemals ein „Aus",
die auf ihre Rechte pochen,
damit du es versäumst.

Komm, kleiner Träumer,
Spiegel einer Zärtlichkeit,
vor deiner Hoffnung liegt die Angst,
du wirst darüber schweben.

Komm, kleiner Träumer,
sei jetzt bereit,
bekomm, was du verlangst,
Phantasie auch, um sie auszuleben.

# Halt mich fest

Manchmal,
da wache ich morgens auf
und lasse die ganze Welt fallen,
zerbrechen in tausend kleine Scherben.

Dann sitze ich da
mit den Augen eines kleinen Kindes
und erfreue mich daran,
dass die Morgensonne die Glaskristalle
in bunten, wunderschönen
Farben schimmern lässt.

Denke noch schnell daran,
dass Scherben angeblich Glück bringen,
glaube es aber nicht,

und dann kommst tatsächlich du,
setzt dich einfach mit einem Klebstoff
neben mich,
und gemeinsam,
Stück für Stück,
setzen wir die ganze Welt wieder zusammen.

„So leicht ist das",
sagst du leise
und gibst mir unsere Welt
in die Hände.

Und ich, ich weiß schon,
was ich mit ihr anfangen will,

denn manchmal,
da wache ich morgens auf
und umarme die ganze Welt
durch dich ...

# Oben und Unten

Oben.
Auf einem dieser katastrophalen Hochhäuser stehen,
und hoffen,
dass mich danach,
unten,
eines dieser Spielzeugautos endgültig überfährt.

„Wissen Sie nicht,
dass es ausschließlich verboten ist,
die Dächer von Hochhäusern
zu betreten?"

„Entschuldigung,
aber ich wollte wirklich nur
hinunterspringen."

„Ob Sie hier oben
die gute Aussicht genießen,
frische Luft schnappen
oder hinunterspringen wollen,
ist mir egal,
ich sagte,
es ist verboten,
und ich sagte,

es ist ausschließlich,
also,
wenn Sie nicht wollen,
dass ich Sie anzeige,
dann kommen Sie sofort mit mir nach unten!"

Wer will das schon?
So folge ich ihm unzählige Stufen hinab
und tröste mich mit immer größer
werdenden Spielzeugautos.

Unten.
Jetzt ganz schnell
die Augen schließen
und los,
und, und nichts.

Jetzt ganz langsam die Augen öffnen,
links und rechts
laufen hastig Menschen
an mir vorbei,
die mich offensichtlich
als Hindernis betrachten.

„Gehen Sie mal weiter,
es ist doch
schon wieder Rot
für uns Fußgänger,
so was,
träumt am helllichten Tag
mitten auf der Kreuzung."

Also gehe ich weiter
und vergesse mal wieder
zu träumen.

# Die alte Frau im Zug

Die alte Frau im Zug sitzt mir gegenüber
an einem Fensterplatz.

Sie schaut hinaus,
mit einem starren Blick
lässt sie jeden Meter in sich verschwinden.

Ich schau sie an,
muss sie ansehen,
immer wieder,
weiß nicht warum,
ob sie es merkt?

Die alte Frau im Zug,
sie sieht hinaus,
eine Lok und ihre Waggons brausen vorbei,
zerstören die Landschaft für Sekunden nur,
die alte Frau im Zug,
sie schaut noch immer.

Sie hat ein dunkelgrünes Kopftuch auf,
was sie wohl denkt?
Erinnerungen, wie ein zu spät losgelassener Ballon,
Hoffnungen, die sie irgendwann vergaß,
Glück, das wehtat,
wohltuender Schmerz?
Ich, ich weiß es nicht.

Die alte Frau im Zug,
sie schaut hinaus,
die Waggons schieben die müde Lok
von einer Anhöhe hinab ins Tal.

Da lächelt sie,
die alte Frau,
nein,
verzieht nicht ihren Mund,
doch die Augen,
die Augen strahlen,
strahlen wunderbar,
für Sekunden nur.

Bahnhof im Tal,
da steht sie auf,
sagt leise „Auf Wiedersehen",
geht, lässt mich mit mir selbst allein.

Der Zug folgt längst schon wieder
brav dem Lauf der Schienen,
ich schaue aus dem Fenster,
sehe die Landschaft nur verschwommen,
dazwischen ihr Gesicht.

Bin nervös und froh,
dass ich jetzt aussteigen darf,
renne die Stufen hinab,
renne die Stufen hinauf,
und hoffe,
angekommen zu sein.

# Der zweite Blätterstrauß

# Die nasse Katze

Er geht spazieren. Immer abends.
Dann, wenn die Sonne bald
für einen Mond verzichtet.
So drückt er sich aus.

Die Katze hat er an der Leine.
Manche Nachbarn lächeln darüber.
Er auch. Die Katze auch nicht.

„Katzen jammern nicht.
Deshalb mag ich sie.
Sonst könnte ich ja gleich
die Gegenwart eines Menschen ..."
Und so weiter. So ist er eben.

Die Katze nennt er „Frau Christus".
Übrigens, ihre Jungen hießen
„Freiheit" und „Gefängnis".
Warum auch nicht?
Er ertränkte sie sowieso.

Seitdem kommt die nasse Katze
jede Nacht im Traum zu ihm.
Sie schüttelt sich trocken.
Ihre Feuchtigkeit ist rot.

Dann stellt sie Fragen wie:
„Ist ein Kuss Versprechen oder Verbrechen?"
Und er muss antworten,
bis der Morgen ihn erlöst.

## So war es wirklich

Eva kommt gerade aus dem Garten
und bringt mir etwas mit.

Gott ist in Wahrheit großzügig
und verbietet so was nicht.

Deswegen lege ich diesen Apfel
vorerst beiseite
und gehe mit Eva spazieren.

Als wir zurück kommen,
hat das Pferd anscheinend
den Apfel aufgefressen.

Da es ein wundersamer war,
verwandelte sich das Tier
in einen Mann.

Die Auswirkungen sind bekannt.

## Puppe ohne Gesicht

Messer, das nur sticht,
für Puppe ohne Gesicht,
mal dir keinen Mund,
so geschwungen bunt,
willst nicht reden, küssen,
können, sollen oder müssen.

Keine Augen auszureißen,
niemals „Püppchen" heißen,
trägst selbstgestricktes Kleid,
verkürztest alter Dame Leid,
Oma weinte Opas Wein,
tausendmal: „Ich lass es sein!"

Tochter viel zu schön,
um nur fernzuseh'n,
mit vierzehn schon zu dritt,
das macht sie nicht mit,
Rechnung durch den Strich,
„Puppe, fessle mich!"

Sohn der Tochter ist barock,
hat vom Anfang einen Schock,
Schule nur gelümmelt,
Puppe ab und zu verstümmelt,
Enkel Engel dröhnt die Harfe,
hält sich süß ganz Scharfe.

Abgeschoben,
abgehoben in der Kammer,
Hoffnung der Verzweiflung
ohne Jammer,
faszinieren Dächer roter Schimmer,
bist bereit für immer,
wie Einsamkeit den Wahnsinn bricht,
fühlt Puppe ohne Gesicht.

# Messers Schneide

Messers Schneide, oh wir beide,

wollen spielen, sollen fühlen,
bestenfalls jedenfalls
du am Hals.

Ader finden, vorbei verkünden,

streichelst scharf bei Bedarf,
kitzelst Nerven zum Entschärfen,

Messers Schneide, oh wir beide,
unsere Macht nur gedacht,

Messers Schneide, oh wir beide
ausgelacht.


# Tänzerin

Tänzerin der Traurigkeit,
am Theater
der Fröhlichkeit,
bewege deine Einsamkeit,
spüre, spiele deine
Ewigkeit.

Du Scheue, du Kühne,
deine Gefühle, deine Bühne,
Vertrauen selbst

ist Glauben,
dein Mut, dein Erlauben.

Deine Kraft ist beseelt,
Kraft, die dich quält
ist auch Begeisterung,
fallender Vorhang,
junger Schwung.

Dein Publikum
souffliert Applaus,
flüstere,
schreie es hinaus,
zelebrier dein Erleben,
dein Erträumen,
dein Vergeben,
kein Versäumen.

Tänzerin der Fröhlichkeit,
am Theater
der Traurigkeit,
deine Rolle
ist die Zeit,
lächle,
im neuen Kleid
bereit.

# Tanz der Sehnsucht

Dein Lächeln streift
die Sonnenuhr,

und du flüsterst
deinen Namen
in die Welt,

malst dich
mit Kinderkreide
auf den Sommerteer,

und wenn
deine Wellenaugen
endlich Unendlichkeit
spiegeln,

dann tanzt
die Sehnsucht
ihren federndsten Schritt.

# Tränenaufgang

Du streichelst diese Nacht
verspielt vom treuen Mond,
dessen Melodie voll Pracht
dein Klagen sanft vertont.

Und während er verweilt
deine Zeit zu zähmen,
liebkost sein Aug geheilt,
Tränen, die bald kämen.

Befrei das zarte Sein,
es keinen Vorhang will,
benetzt von früher Pein
fließt eine Trauer still.

# Göttlicher Maulwurf

Heute nach
dem Sterben streben,
noch einmal
die Welt atmen,
bis ich an ihr ersticke.

Seid gestreichelt,
ihr Hoffnungen der Bitternis,
seid umschlungen,
die ihr dunklen Wolken gleich
ohne den Trost
des erlösenden Regens
zu mir vorüberzieht.

Ich dürste,
und mein Dämon
des Wahnsinns
grüßt mich mit seinem
prächtigen „Prost".

Oh Einsamkeit,
du zierliche Zweiflerin,
verstecktest mich in deinem
schaurig – schönen Schoß.

Doch er fand
dein Ungeborenes,
um mich,
die eine Hand
in der Erde grabend,
die andere
gegen den Himmel gereckt,
als göttlichen Maulwurf

zu bestimmen,
der seiner
erregenden Bescheidenheit gemäß,
dieses Schicksal
ungehorsam
zu erfühlen gedenkt.

# Chinesische Jongleure

Wenn die Sonne
untergeht,
sagt der Herbst
zum Sommer:
„Du stirbst nun bald."

Aber dem Sommer
ist dies egal,
weil er sich
an die letzten Jahre
erinnert.

Da
hatte der Herbst
Recht
und doch
wieder nicht
die ganze Wahrheit.

„Die ganze Wahrheit,
Schnee von gestern,
wir sollten uns
auf das Wesentliche
beschränken",
mischt sich kühl
der Winter ein.

„Das Wesentliche ist,
Hoffnung und Vertrauen
zu leben",
säuselt
ein romantischer Frühling
in den Wind,

der Sommer
zu Herbst verweht.

„Du
hast leicht reden",
tanzen
die anderen drei
auf ihren
Zehenspitzen,
um am
Ende des Horizontes
zu erkennen,
dass auch gerade
in diesem
Augenblick
in China
die geschicktesten Jongleure ...

„Seht ihr es,
seht ihr es!?!",
jubiliert es hinter ihnen,
„Hoffnung und Vertrauen
spielen mit
ihren liebsten Geschwistern,
der Geduld
und der Disziplin."

# Schwarzer Igel

Deine Farbe ist grau,
sei Mann, sei Frau,

im Theater deiner Sinnlichkeit
wächst ein kleiner Junge
hin zur Ewigkeit,

in Einsamkeit
zu sanft berührt,
wird Hoffnung
vom gelben Mond verführt,

und im matten Glanz
des Spiegels
leuchtet hart die Kraft
des schwarzen Igels.

# Nie bis nimmersatt

Deine Spinne
nennt sich Hexe,

oh, ein neues Opfer
in deinem
lieblich duftenden Feuernetz,

ob es
zornig zärtlich zappelt?


Egal, Frau frisst,
saugt Männchen ja

doch

diesen deinen Hunger
stillst du damit
nie bis nimmersatt.

## Auf das Seil

Dein Lächeln fällt
vom Himmel
mir auf den Kopf,

doch ich spannte
den Schirm auf,
als ich
dein Wolkengesicht sah.

„Auf das Seil!",
rufe ich mir selber zu,

und gegen jede Chance
halte ich Balance.

# Die Frau des Fischers

Er reicht das erstgeborene Kind
in ihre wunden, zarten Arme,
spricht leise in den Wind,
damit sich Gott erbarme.

Er schenkt noch einen Blick,
als sich das Segel bläht,
spürt jäh ein trautes Glück,
das Tuch hat sie genäht.

Sie sitzt bereit am Ufer,
erbebt bei dunklem Ton,
am Meer erscheint der Rufer,
will endlich seinen Sohn.

Ein Wogen erschöpft die Glut,
peitscht voran in ewiger Hast,
die Büßerin begeht die Flut,
erhöht bedrückt des Kreuzes Last.

Wenn die Ebbe sie erlöst,
muss des Fischers Frau verharren,
wenn Gott die Lebenslust entblößt,
wird sie zu Eis erstarren.

# Zeit

Ich glaube,
unser größter Fehler ist es,
selbst der Zeit
einen Rahmen
geben zu müssen.

Deshalb fühlen wir
uns dauernd
zu früh, zu spät,
wie auch immer.

Schlimmstenfalls
fühlen wir uns stimmig
mit dieser
für uns alle gültigen Zeit.

Vielleicht wartet
hinter der Ablehnung,
die uns
aus jeder Ecke der Welt
anzuspringen droht,
unsere eigene Ablehnung
der herkömmlichen Zeit.

Es
ist jetzt spät,
doch ich
brauche wahrhaft Zeit,
um ehrlich zu werden.

# Wenn die Nacht kommt

Am
Anfang der Nacht,
wenn dein Dinosaurier
beim Souper
tapsig entschlossen
seine heiße Brühe schlürft,

wenn deine Ratte
längst schon
ihre dritten Zähne
verbissen ergeben
in das Nachtglas
gespuckt hat,

wenn plötzlich
aus der Dunkelheit
der gepolsterten Seelenlandschaft
scheu züngelnd
die Kohlenaugen
deines Luchses leuchten,

ja,
wenn die Nacht kommt,
immer früher,
dann möchte ich
bei dir sein.

# Stausee deiner Liebe

Wenn die Unruhe
des Tages
aus der
der Nacht entspringt,
dieses Innehalten
der Seele
während der Wachablösung
an der Quelle,
wenn jener Augenblick
der Stille
zu fließen beginnt,
dann münden
Tränen
Kraft
in den Stausee
deiner Liebe.

# Wo ist die Frau?

Nun denn,
da ist also die Tochter,
die nicht klein sein darf,
und da ist die Schwester,
die nicht allein sein darf,
wir sehen auch
dort oben die Göttin,
die nur hart sein darf,
sie spricht mit der Professorin,
die nur klug sein darf,

aber wo ist das Mädchen,
das ohne seine Lieblingspuppe
nicht einmal Erdbeereis essen würde,
wo ist das Mädel,
dem die doofen Jungs
nur noch nachpfeifen können,
und wo ist die Freundin,
die ihrer Freundin ins Ohr lacht,
weil schon wieder Freitag ist,
wo die Dame,
die heute im Schaufensterglas
endlich sich selber sieht,
wo die Mutter,
die mit dem Kinderwagen
über die Pinsel
im Atelier stolpert,
ach, und wo ist die Frau,
die ihren Mann
einfach genießt?

# Die Diskuswerferin

Spirale wie Stolz
um das Herz geflochten,
herausgerissen in die Hände,
um zu bestimmen,
zu widerlegen.

Sie feuern dich an,
du atmest
durch die Kraft gespannt,
bald dreht sich die Welt
in ihrer Geschwindigkeit
dich zur Schnecke,
die du bist,
bis dich dein
Schrei der Trennung
trotzdem erlöst.

Und du kräftigst
durch den Atem entspannt,
weil du spürst,
dass sie dein wundes Loch
nicht mehr zujubeln können,
in diesem Ring
der bewegten Verbundenheit
mit dir selbst.

## Beflügelte Komiker

Oh, wie sind wir erschöpft,
wir Geschöpfe
der wilden Hoffnung,
die wir das Leben
plündern wollten,
als sei es
eine ermattete Karawane
auf der Spur
zum nächsten Trugbild
der Erlösung.

So sind wir
in den Sand gesetzt,
doch selbst wenn ich
ein Kamel wäre,
das um die
Wüste wüsste,
und du
durch die Berührung
deines Schattens
die Sonne küsstest,
blieben wir immer nur
vom
Augenblick beflügelte Komiker,
die in ihrer
bescheidenen Grenzenlosigkeit
diese Himmel erheitern.

# Samstag Nachmittag

Gott
strahlt zu Elvis:
„King,
heute lasse ich
die Sonne scheinen,
dort unten
zerbricht
wieder jemand
an der Welt,
Scherben bringen Glück,
you know."

Und Elvis,
der stellvertretend
für alle Menschen
dem Mond nacheifert,
antwortet:
„Well Lord,
die earth
ist ein Heartbreak – Hotel."

Wie auch immer,
vor meinem Fenster
kehrt jetzt
ein schwäbischer Engel
die Splitter
aus dem Weg.

# Der gelbe Affe

Im Vergleich
mit den Schwänen,
dies sei eingangs
zu erwähnen,
hat jedenfalls
die Giraffe
einen längeren Hals
als der Affe,

unsrem Vorbild auf dem Baume,
welches zieht
krumme Dinge vor
der Pflaume,

doch wenn
letztre Frucht gegärt
macht sie völlig unbeschwert,
reichlich genossen
durch den Hals geflossen.

Seltsam sitzend
im Vogelnest,
stellt dies auch der Affe fest,
schwingt sich von
Ast zu Ast,
durchtrinkt die Leichtigkeit
der Last,

leider ist einen Ton
zu dunkel
für sein affiges Geschunkel,
so kommt ihm
in die Quere

ein fester Griff
ins Leere,

und er landet ziemlich übel
im vom Schöpfer
aufgestellten Kübel.

„Eigentlich um
Bananen anzustreichen,
nicht der
Affen Boten einzuweichen",

bemerkt der
stolzeste der Schwäne,

„Verzeiht,
wenn ich ausgangs
wiederholt erwähne,
hier beweist sich jedenfalls,
es hat jener gelbe Affe
einen kürzeren Hals
als die
Giraffe."

# Der dritte Blätterstrauß

# Der Himmelsjunge

Engel der Verzögerung,
siehst du
den Himmelsjungen
tanzen auf dem Seil,
das sein Flugzeug
zu dir
hinter sich entstehen ließ?

Engel der Verzögerung,
der Himmelsjunge
schenkt dir
seine Zeit,
die Zugabe ist
für
solche Kunststücke
des großen Augenblicks,
der
keine Spuren hinterlässt
am Horizont.

# Luftballon

Wenn da
keine Heimat war,
nicht an Ort,
nicht in dir,
wenn Flüsse, Häuser
dich erinnern,
Gesichter dich berühren,
und du denkst dir,
es sei nah,

bleibst du ewig losgelöst,
ein Luftballon
der schweren Herzen,
himmelwärts
entblößt.

# Die Mädchen im Heu

Die Mädchen im Heu
sind sich selber Genuss,
sie träumen voll Scheu
von noch einem Kuss.

Im Sattel der Pferde
fliegt ihr Lächeln dahin,
sie berühren die Erde
in deren eigenstem Sinn.

Sie wollen nicht lehren
die Dressur ihrer Freuden,
ganz frei nur vermehren,
Zeit, die sie vergeuden.

# Aus einer Mücke zwei Elefanten machen

Der junge Mann
aus dem dritten Stock
sitzt auf dem Fenstersims
und betrachtet das Kopfsteinpflaster
im Hinterhof,
auf dem
zwei Elefanten stehen,
die dem Zirkus angehören,
welcher für ein paar Tage
im hiesigen Städtchen
verweilen darf.

Die beiden Dickhäuter
befinden sich mittels ihrer Rüssel
in einer vergnügten Zweisamkeit,
bis sie sich
ein wenig ungünstig
miteinander verknoten.

Währenddessen wird der
mehr und mehr
in sich sinkende
von einer Mücke
auf seiner Nase
buchstäblich derart
aus dem Gleichgewicht gebracht,
dass er sich bestimmt
etwas zu heftig
auf das Muster
des schon erwähnten Untergrundes
eingeprägt hätte,
wären da nicht
die im allgemeinen

sehr freundlichen Kolosse gewesen,
welche durch ihren
überaus verzweifelten Umstand
genötigt waren,
eine immer straffer werdende
Rettungsleine zu spannen.


## Krallenscheu

Die Katze namens Vertrauen
vermisst ein ganzes Ohr,
verurteilt stets zu schauen,
seit sie es verlor.

Auf einer kühlen Mauer
hast du sie entdeckt,
als Entsprechung unserer Trauer
Schwarz von Rot befleckt.

Sie wollte gerne warten
noch auf die Wiederkehr,
setzt sich allem Zarten
doch krallenscheu zur Wehr.

## Herr November

Ich werfe eine Münze
in die Luft,
sie fällt in einen Brunnen,
ein alter Mann meint,
ich darf mir etwas wünschen,
und ich wünsche mir
ein Lächeln in seine Augen,
das sich tatsächlich
gleich erfüllt.

Wir gehen in ein Café,
ich rühre in dem zuckerlosen Tee,
bis Wellen entstehen,
schaue hinaus und sage:
„Ich mag diesen tristen Monat nicht",
worauf sich der Alte vorstellt:
„Gestatten, Herr November."

Ohne meine Entschuldigung
auch nur abzuwarten
erklärt er mir:
„Die meisten Menschen
mögen mich nicht,
weil ihnen die Gnade
nicht zuteil wird,
welche ich
der Frau Jahreszeit Herbst schenke,
denn ich gebe ihr
die Zeit und Stimmung,
um sich von ihrer Pracht
trennen zu können."

Er steht auf,
zahlt für uns beide,
und wie selbstverständlich
helfe ich ihm
in seinen grauen Mantel,
der ihn plötzlich
auffallend gut kleidet.


## Als Gott Frauen schuf

Als Gott Frauen schuf
trank er roten Wein,
nach seines Herzens groove
tanzten sie im Sonnenschein.

Für so feine Beine
durfte man ihn loben,
opfern wollt sich keine,
da begann das Toben.

Die gar reizenden Geschöpfe
sind Entsprechung seiner Süchte,
doch schöne, kluge Köpfe
ernten nur verbotne Früchte.

# Für dich

Für dich die Worte,
die Sonne
und den Mond,
für dich den ganzen Horizont.

Für dich die Erde,
das Säen
und das Gießen,
für dich das feste Entschließen.

Für dich die Blumen,
die Farben
und die Töne,
für dich all das Schöne.

Für dich den Wind,
die Nähe
und die Ferne,
für dich die leckersten Sterne.

Für dich das Vertrauen,
das Warten
und das Geschehen,
für dich das stille Verstehen.

Für dich das Streicheln,
das Dunkle
und das Helle,
für dich die höchste Welle.

Für dich das Tanzen,
das Erleben
und die Träume,
für dich die stärksten Bäume.

Für dich das Feuer,
das Lachen
und die Tränen,
für dich mein tiefstes Sehnen.


## Das Geheimnis hellster Sterne

Du bist wie Regen,
der auf meiner Haut
von all den Niederschlägen
mir so sehr vertraut.

Du bist wie Stille,
die meine karge Poesie
stets beschenkt in Fülle
mit ihrer ruhigen Melodie.

Du bist wie Ferne,
die im Verborgenen funkelt,
das Geheimnis hellster Sterne
zum Schutze zart verdunkelt.

# Das kleine Träumen

An einem Fenster der Nacht
lehnt das kleine Träumen,
es wählte mit Bedacht,
das zu den jungen Bäumen.

Der Blick auf neues Leben,
vom Mond sogleich erhellt,
lässt Hoffnung zart erheben,
die ganz auf sich gestellt.

Es hört eine Stimme klagen,
die aus ihm ewig spricht:
„Das kannst du doch nicht wagen!",
weil sie daran zerbricht.

Das Tor geöffnet voller Bangen,
die Luft so einsam kühl,
„Wo werd ich hingelangen,
ich bin doch nur Gefühl?"

Da flüstern ihm die Triebe
ihr frisches Werden zu:
„Du selbst bist nun die Liebe,
schnürst deine eignen Schuh!"

Die äußeren Paläste
verlässt fest im Schritt,
setzt kühn sich auf die Äste
und wächst das Blühen mit.

Bald kommt der Sommer angeflogen,
als Vogel in Gestalt,
sie gegen Süden zogen,
es wird ihm hier zu kalt.

So schwingt das kleine Träumen
sich himmelwärts empor,
tanzt in den freien Räumen,
weil es die Angst verlor.

## Wie eine Schwester treu

Es brachten die Geleise
näher, Zug um Zug,
mir nach weiter Reise,
dich, dir selbst genug.

Es tanzten wie Gespenster,
die sich still bewegen,
Bäume vor dem Fenster
nächtens durch den Regen.

Es war deine Nähe
wie eine Schwester treu,
die ich gut verstehe
zum Trotze aller Scheu.

## Ihr Kind der Traurigkeit

Es war bald Krieg,
als sie sich liebten,
verschossen in den Sieg,
bis Kugeln ihn durchsiebten.

In den kargen Jahren
träumte sie von Tränen,
doch die äußeren Gefahren
zerstörten selbst dies Sehnen.

Ihr Kind der Traurigkeit
ist heute Nacht geboren,
als Zeichen dunkler Zeit
ging sein Stern verloren.


## Weil euch Deutschland braucht

Du träumtest letzte Nacht,
dass dich jemand liebt,
bemerktest erst ganz sacht,
dass Feuer dich umgibt.

Das Haus nur angezündet,
weil Fremde darin wohnen,
dem Wahnsinn still verbündet
gab es kein Verschonen.

Wir hören deine Schreie,
die Wut niemals verraucht,
und bitten dich, verzeihe,
weil euch Deutschland braucht.

## Die Tränen einer Frau

Die Tränen einer Frau,
die ich liebend weiß,
wandeln stolz den Tau
in nie berührtes Eis.

Sie dienen einer Quelle,
der das Meer gedenkt,
als mächtig sanfte Welle,
die mich still beschenkt.

Sie füllen manchen See
mit ihrem klaren Fluss,
sind im frischen Schnee
mir ein feuchter Kuss.


## Darf der Frühling weinen?

Du läufst deine Trauer
gespiegelt von den Straßen,
ahnt ein später Schauer,
du fühlst dich verlassen?

Es beleuchten die Laternen
Stille nach dem Regen,
du verträumt im Fernen
willst dich selbst bewegen.

Durch die Nacht entwischt
deiner Angst im Reinen,
wenn er so erfrischt,
darf der Frühling weinen.

# Sommerträume

An dieser alten Bank
im Schatten der Kastanienbäume
spazieren die Frauen schlank
vorbei in meine Sommerträume.

Wie schön sie sind,
die Engel warmer Zeit,
es berührt der Wind
verliebt ihr leichtes Kleid.

Sie schenken manchen Blick,
der mein Sein erfrischt,
beschreiben mir ihr Glück,
bevor es jung erlischt.


# Die Vergänglichkeit der Wärme

Ein Hauch der Kühle,
aus Atem frisch gepresst,
malt euch zart Gefühle,
die ihr bald vergesst.

Die Vergänglichkeit der Wärme
gleicht des Herbstes Hügel,
wo der Vögel Schwärme
öffnen nun die Flügel.

Wie feine bunte Fahnen
zittert still das Laub,
als würde es erahnen
des Winters ersten Raub.

# Elfenbeine

Gegensätze
ziehen sich aus,
wie uns heute Abend
im Zirkus
der alte Elefant
und
eine zierliche junge Dame
kolossal zärtlich beweisen.

Der ganz entblößte Dickhäuter
erhebt das
kaum bekleidete Mädchen
zu seiner Krone
und wir sind begeistert
über den reinen Widerspruch
der sanften Wesen.

Sie tanzen im Rhythmus
des Beifalls durch die Arena,
wobei die Elfenbeine
das mächtige Tier so sehr erregen,
dass es ein paar Betrachter
in den ersten Reihen zertrampelt.

Wahrscheinlich,
weil das schwere Geschöpf
mit bester Erinnerung
nicht so leicht den Verlust
seines eigenen Wertes vergisst.

# Heimatstadt

Beim Laufen
durch die Heimatstadt
ahme ich
den Betrunkenen nach,
der ich
im Innern bin.

Die Angst
steht nur da
wie zwei alte Schuhe,
die nicht
zueinander passen.

Mich amüsiert
das Kopfsteinpflaster,
weil es
um die Kindheit weiß
und dort
der Mann
mit dem Pferdeschwanz
seinen Hund
namens „Yesterday"
nicht
von der Leine
lassen darf.

# Dein Gesicht

Dein Gesicht
ist glühende Lava,
stürmische See,
ist tanzende Welle
und schmelzender Schnee.

Dein Gesicht
ist werdende Erde,
erwachender Rauch,
ist streichelnder Wind
und blühender Strauch.

Dein Gesicht
ist sinkende Sonne,
erfrischende Luft,
ist verborgener Stern
und blumiger Duft.

Dein Gesicht
ist zärtlicher Nebel,
brennender Kuss,
ist schöner Kristall
und salziger Fluss.

# Flammenbaum

Nach dem ersten Sonnentraum
brach die Nacht entzwei,
vor dem jungen Flammenbaum
zog der Tag vorbei.

All die bangen Menschenherzen
wollt' er nicht verdammen,
an den hellen Stundenkerzen
still ihr Glück entflammen.

Durch zwei frühe Sehnsuchtssterne
wurd' er scheu belichtet,
damit die milde Abendferne
sich in ihm verdichtet.


# Trauerkatze

Du bist eine Trauerkatze,
schön auf ferne Art,
mit deinem mürben Wandgekratze
berührst du Särge zart.

Du zeigst deine Katzenzunge,
treu auf fremde Weise,
mit deinem milden Pfotenschwunge
vergibst du Sündern leise.

Du lockst einen Tränenkater
klug auf freie Wege,
mit deinem morschen Buckelvater
entführst du Seelen träge.

# Lass mich

Lass mich deine Trauer sein,
lass mich mit dir weinen,
wie der erste Sonnenstrahl
für dich sanft erscheinen.

Lass mich deine Freude sein,
lass mich mit dir lachen,
wie der erste Frühlingstag
für dich zart erwachen.

Lass mich deine Ängste sein,
lass mich mit dir bangen,
wie die erste Märzessaat
in dir sacht verlangen.

Lass mich deine Hoffnung sein,
lass mich mit dir teilen,
wie die erste Sommernacht
in dir mild verweilen.

## Die Tänzer dieser Erde

Die Tänzer dieser Erde
sind heut Schatten gleich,
aus denen Wärme werde
in Gottes hellstem Reich.

Als der Sonne Spiegel
tanzen sie im Kreise,
verleihen den Menschen Flügel
auf ihrer schönsten Reise.

Dort im dunklen Zimmer
beim Scheine dreier Kerzen,
liegt ein zarter Schimmer
auf eurem ruhigen Herzen.

## Heute gute Laune

Du sperrst das Tor
zu deinem Herzen ab
und schleuderst
den goldenen Schlüssel
über einen Regenbogen hinweg,

wo der nächste
beste Farbenjongleur
beim Üben
heute gute Laune versprüht,
denn er fängt zur Abwechslung
gerade einmal etwas auf.

# Taubenschlag

Ich spüre einen
tauben Schlag
auf meinem Helm,
den ich daheim vergaß,

doch wer bläst schon
alle Kerzen aus,
nur mit einem Hauch,

das Känguru
in meinem Herzen
versteckte Mühlsteine
in einem
selbst gestrickten Beutel,

der Anblick einer Frau,
die ihren Kinderwagen
bergauf schiebt,
macht mich matt,

aber ich laufe dennoch weiter,
bis mich
ein Gedankenblitz erschlägt.

# Noch nicht Herbst

Der erste Versuch
lustig zu sein
war ein schlechter Witz,

und so liege ich im Bett,
höre dem Regen zu,
denke an dich,
weil du die Reife
von braunen Bananen
hast und hasst,

schließe die Augen
und tanze
um einen Springbrunnen,
in den kleine versteinerte Jungen
Wasser lassen,

lasse mich
vom Abendwind streicheln,
der mir weht
ein Brombeerstrauchblatt
in meinen Mund,
und begreife
die Ziegen diesbezüglich nicht,

doch das Leben
läuft mir sowieso davon
und verscheucht
in seiner Aufgeregtheit
einen Vogelschwarm,
obwohl es
noch nicht Herbst.

# Der vierte Blätterstrauß

# Walfisch und Walnussmädchen

Und das Walnussmädchen
stellt das Körbchen
mit den Schmetterlingen
auf das Geländer
der alten Brücke,
unter der ein silberner Fluss
spazieren geht,
und wünscht sich,
der Walfisch könne fliegen,

und der Walfisch würde
sein riesiges Maul niemals aufreißen,
um das Walnussmädchen zu fressen,
nein, höchstens,
um ihm eine wunderschöne Geschichte
zu erzählen,

und das Walnussmädchen
läuft den jungen Enten hinterher,
bis zu dem kleinen See,
in dem der Walfisch
zwar nicht schwimmt,
aber trotzdem
so eine zärtliche Erinnerung
verschenkt.

# Das Flüstern des Herzens

Mich interessiert das Unausgesprochene,
das leiser ist als leise,
der Vogel vor dem Lied,
ein Herbstblatt friedlich losgelöst,
das Geheimnis zweier Menschen,
die auch den Schatten mögen,
den ihre Liebe schweigend wirft,

mich interessiert das Unausgesprochene,
das leiser ist als leise,
zwei Jungen,
so herrlich wach in ihrem Versteck,
ein Mädchen,
das im Stillen Sehnsucht stillt,
die Ruhe nach dem Sturm,
die uns einen Regenbogen lang
das Flüstern des Herzens
fühlen lässt.

# Die Rose

Ich weiß nicht
was die Rose ist,
wie sie riecht
und wie sie glüht,

ich fühl nur,
dass du nie vergisst,
wie sie bricht,
wenn sie verblüht.

# Zwetschgenbaum aufwärts

Ob ein Büschel Haare,
welches aus der Nase ragt,
störend wirkt,
diese Frage hätte ich gerne
in den Raum gestellt,

aber ich lag ja im Garten,
wie auch das fast fertig
ausgelöffelte Joghurtglas,

in dem sich
bedauerlicherweise eine Wespe
zum Naschen aufhielt,
der der Überfluss
vier der vier
Flügel verklebte
und somit ein Abheben
so ziemlich unmöglich machte.

Von diesem wirklichen Problem
erstaunlich berührt,
entfernte ich
das tropfende Tier
mit einem zarten Zweig
aus seinem süßen Gefängnis
und putzte es
mit dem
einen und anderen Grashalm,
wobei mir zwangsläufig
ein vorzügliches Vertrauen
entgegengebracht wurde.

Die ersten Flugversuche
verliefen einem Sprung
aus dem dritten Stock
meinerseits ähnlich,

doch das interessierte Insekt
überlebte mein Schleudern gewiss
und summte
schließlich oder endlich
zu meiner vollkommensten Freude
in Richtung
Zwetschgenbaum aufwärts.


## Ungeklärt

Der Tod
der sieben Affen
ist noch ungeklärt,
wir versichern Ihnen aber,
alles zu tun,
um die schuldigen Bananenschalen
zu finden.

# Nur ein Mensch

Lauf auf Eis,
das gerade schmilzt,
denn dann läufst du
auf Wasser,

bist eben doch nicht Gott
und gehst unter,

gehst
unter die Zeit,
die dir noch verbleibt
um demütig zu sein,
in das Werden
des Frühlings hinein,

der dir
eine Ahnung davon schenkt,

was dir hätte blühen können,
wärst du
nur ein Mensch
gewesen.

# Flügelschlag einer Verlassenheit

Wie
ein Schattenvogel
steigst du
in mir empor,
flatterst prächtig
in den Süden
und kehrst
doch nur wieder
in meinen Winter
zurück,

um
auf meinem Herz
zu rasten,
das sich
in deinen Krallen
zusammenkrampft,

du
Flügelschlag einer Verlassenheit!

# Drachen

Drachen,
wild im Wind,
du Abbild des Herbstes,
tanzt du lustig
oder
versuchst verzweifelt
dich
zu befreien?


## Die bleich geschminkte Birke

Die bleich geschminkte Birke
fragt den Herbst verlegen,
ob sie sinnlich wirke
auf zart verschneiten Wegen.

Im nun gewählten Schweigen
darf sie jäh erkennen,
den gar feinen Zweigen
blüht ein klares Trennen.

Das Fallen schönster Blätter
lässt sie stolz vergessen,
auf einen vagen Retter
in so weißen Messen.

# Die Vielleichttrauer

Das gierige Knicken
der Äste
eines fremden Nussbaumes,
der letzte Vogelschrei
in Richtung Süden,
die Schwere
eines späten Hummelfluges,
lassen mich
die Vielleichttrauer
einer Libelle ahnen,

aber der Drachenwind
schaukelt ein losgelöstes Blatt
in der Herbstsonne,
als wäre
diese verzweifelte Wärme
doch die
Wiege neuen Lebens.

# Es war

Vielleicht
fehlen gerade
die Worte mir,

um dir
zu sagen,
mein Gefühl
für dich,

das zu Tränen führt,
mich,

und
ich möchte liegen
neben dir,

einfach so,
wie in einem
anderen Herbst
es wahr.

# Im Garten hinten

Im Garten hinten
bist du traurig,
an den Füßen weiße Socken,
dein Hund vor dir ausgestreckt,
du streichelst ihn nicht mehr.

Die Zeitung aufgeschlagen
auf dem Tisch,
die Seiten flattern im Wind,
ähnlich dem leeren Blatt Papier,
das jetzt zu Boden fällt.

Die Sonne deutet Wärme an,
doch du bist traurig,
heute dein eigener Schatten,
fühlst dich bedroht
von den Stimmen
aus dem Nachbarsgarten.

Das Kinderlachen
tut dir weh,
und hättest du die Kraft
ein Loch zu graben,
dann würdest du es tun,
doch
Schluck für Schluck
versickert alle Verlassenheit
in dir.

# Jahrmarktmorgen

Die Gondeln
sitzen verlassen,
es ist noch viel zu früh,
für eine heftige Umdrehung,
die Gondeln sitzen verlassen,
ihre Bäuche vergittert,
trostlos
im kühlen Morgenwind.

Das Riesenrad
steht still,
es ist noch viel zu früh,
für eine heftige Bewegung,
das Riesenrad steht still,
sein Gerippe erzittert,
farblos
im kühlen Morgenwind.

Ein Mensch
liegt erbrochen,
es ist noch viel zu früh,
für eine heftige Entscheidung,
ein Mensch liegt erbrochen,
seine Seele verbittert,
ziellos
im kühlen Morgenwind.

# Dornröschen, fast

Dass in jeder Armut
eine Hoffnung wohnt,
hast du ihr erzählt,
beim Anblick
ihrer fleckigen Sommerschuhe
an diesem kühlen
Herbstmorgen.

„Ich will nicht
Meer und Ozean
unterscheiden",
hat sie dir geantwortet,
auf eine deiner
vielen Fragen.

„Vielleicht bis womöglich
bin ich
ein kleiner Prinz",
hast du
dieser fast gepflückten Rose
nur so aus
eitler Gewohnheit erzählt.

„Auf Dornröschen
reimt sich Hornöchschen,
fast",
hat sie dir geantwortet
und ging
mit der Heckenschere
auf dich los.

# Die welken Retter

Im Dunst
der wilden Gräser
auf einer alten Bank,
da sitzt
der müde Leser
und schickt
dem Himmel
Dank.

Das kurzgeschorene Haar
bedeckt
von einem Tuch,
das allerletzte Jahr
war für ihn
leiser Fluch.

Sein Buch
des Herbstes
füllen
zu früh
gefallene Blätter,
in Nebelträume
hüllen
sich
die welken Retter.

# Die Drossel

Das kleine Lachschwein
streicht mit seiner Schnauze
zärtlich über Blumenköpfe,
die ihn dafür freundlich kitzeln,
läuft vergnügt in eine Dunkelheit,
die noch prächtig still erhellt
durch das nahe Schloss,
wonach das kleine Lachschwein
sogleich strebt.

Dort harrt man
in freudiger Erwartung
des morgigen Festmahls
und empfängt
das kleine Lachschwein
dementsprechend stolz.

Man bindet ihm sogar
das Lätzchen der Prinzessin um,
welches sich jedoch
zu vorgerückter Stunde
als Galgen entpuppt.

Und die Drossel pfeift
in gedrosselter Geschwindigkeit
dem Erdrosselten
zum Abschied
ein gar lustiges Lied,
damit das königliche Kind
endlich wieder froh gestimmt.

# Die fabelhafte Fabelhaft

Es sind die drei Tiere,
Schwan, Ochs und Frosch,
die streiten im öffentlichen Wirtshaus
der Politik wegen.

Der Schwan ist hauptsächlich schön,
der Ochs arbeitet wie ein solcher,
und der Frosch kann jeder Fliege
etwas zuleide tun.

Wie auch immer,
jedenfalls können sie sich nicht einigen,
ob der Präsident ein Schwein sein soll,
weshalb der Spatz sie verpfeift.

Die drei politischen Gefangenen
bestechen den dummen Hund
vor ihrer Zelle
mit den Knochen
einer blöden Kuh von nebenan.

Es verbringen die drei Tiere,
Schwan, Ochs und Frosch,
in ihrer letzten
tierischen Nacht
eine fabelhafte Fabelhaft.

## Applaus aus einem zarten Grunde

Tänzerin aus einem schlechten Traum,
warum bleibst du hier
und lehnst da so im Tageslicht,
das deine Trauer
kaum verbirgt?

Schönheit aus einer anderen Zeit
winkt aus deinen Augen
und tropft auf deinen gelben Mantel,
der auch heute
zu dir steht.

Schuhe aus einem roten Stoff
sind dir letzte Versuchung,
und du umkreist noch einmal jene Welt,
die dir
volle Melodien schenkt.

Applaus aus einem zarten Grunde
macht dir milden Mut,
und du hörst nur noch auf diese Vögel,
die um die Wärme wissen
in einem fernen Land.

# Das Miniaturdrama

Das kleine Anderssein,
die Miniaturdramen,
die Zuschauer
in der ersten Reihe
klatschen höflich Applaus
und gähnen,

die Souffleuse flüstert
deinen Namen,
deinen Mond,
dein Gesicht,
sein Mondgesicht,
damit du weißt,
was Leiden ist,

und
sie nahm dich
mit der Hand
und sie führte
dich heim,

und bevor
dein Vorhang fällt,
läuft diese Göttin
noch einmal
über die Bühne
deines Lebens,

und sie nimmt dich
mit der Hand
und sie führt
dich heim ...

# In dir

In dir ist ein Himmel,
in dir ist die Sonne,
die ganz zärtlich
um mich kreist,
sie schenkt mir Wärme,
sie gibt mir Frieden
und ist das Licht
in meiner Welt.

In dir ist die Sonne,
ihr Strahlen wird Streicheln,
das Streicheln der Freiheit
steigt höher und höher,
hoch bis zu dem Himmel,
der nur in dir ist.

# Wenn du wärmst

Wenn es schneit,
strecke ich die Zunge raus,

wenn es regnet,
tanze ich mit nassen Katzen,

wenn es windet,
lasse ich die Mütze fliegen,

wenn es nebelt,
pinsle ich mit roten Farben,

und wenn du wärmst,
strahle ich die Sonne an.

# In meiner Nase

Frau, für immer
das Wilde des Windes
in deinen Haaren.

Frau, für immer
das Streicheln der Sonne
auf deinen Wangen.

Frau, für immer
das Flüstern des Regens
in deinen Ohren.

Frau, für immer
die Frische des Schnees
auf deinen Lippen.

Frau, für immer
das Leuchten der Sterne
in deinen Augen.

Frau, für immer
den Duft deines Körpers
in meiner Nase.

# Möchte ich schreiben

Durch das Gewühl
in deinen Händen
möchte ich beben,

bei dem Gefühl
in deinem Lächeln
möchte ich leben,

mit dem Wind
in deinen Haaren
möchte ich wehen,

zu dem Kind
in deinem Herzen
möchte ich stehen,

um das Sehnen
in deinem Atem
möchte ich treiben,

für die Tränen
in deinen Augen
möchte ich schreiben.

# Im Wartesaal der Endstation

Ich möchte
in einem Zug
fahren durch die Nacht,
mein Abteil abgedunkelt
vom Innern her,

Leitungsmasten sind
Wächter wertvoller Finsternis,
Lichter vereinzelt trösten
den satten Mond:
„Du bist nicht allein!",

alle Schranken geschlossen,
Gedanken stellen Weichen,
Gefühle wollen entgleisen,

doch am letzten Halt
steigst du ein,
veränderst nichts
und dadurch alles,

ziehst die Schuhe aus,
gemeinsam schweigen wir
zum Rhythmus auf Metall,

der unsere Herzen
trotzig tanzen lässt
mit dem zarten Morgenrot
im Wartesaal der Endstation.

# Dieser Astronaut

Vor dem Traum
einer Stille
hast du mich
eben noch schnell
weggeküsst,
um Ballast
abzuwerfen,

damit deine Hoffnungen
auf den
Mann im Mond
steigen können,
worauf dieser Astronaut
dir besorgt
aus deinem Luftballon
hilft,

und du stolperst
über die Krater
seiner Einsamkeit,
siehst
die blaue Sehnsucht
der Erde,
bist am Ersticken,

doch nach
eurer ersten Nacht
treibst du
völlig losgelöst
ins Nichts aller Dinge,

dich
erinnernd an
die goldenen Sterne,
die ich
ausgeschnitten habe
in
einer kühlen Finsternis,
die jetzt dich
umgibt.

# Da

Im Winterwald,
da sind wir für uns,

da, wo die Zeit
in Eiskristall gewirbelt
auf vagen Wegen ruht,

da lässt die Suche
der Kälte
eine Spur
von dem Herzenshauch,

da, wo wir
Hand in Hand
gegangen sind.

# Der fünfte Blätterstrauß

# Für die kalte Zeit

Schmetterling
auf dem Finger,
Regenbogen
über dem Herz,

schmeckt sie
nach Herbst,
riecht sie
nach Schnee,

tanzt ohne Musik
auf dem Rücken
eines Walfisches
zu verborgener Melodie,

winkt mir
zärtlich frisch
wie ein Blumengruß
im späten September,

denn sie will
meinen Blick zurück,
der ihr
alle Sehnsucht lässt,
für
die kalte Zeit.

# Seifenblasenkristall

„Also",
sprach die Regenkönigin,
„jetzt wo alles
so schön nass ist,
wird es Zeit
für einen Frost,
der mich glatt
verzaubert."

Sie wirft
die beschlagene Hornbrille
fort,
öffnet ihr
herrliches Tropfenhaar
beim Waschen
wie einen Wasserfall
aus Seidenseife,

der
dem Kälteschreck entgleitet
und beim
erstem Hauch
des Winterwindes
als schwebende Schönheit
erstarrt.

# Fallen der Erinnerung

Wo ist deine Mama,
kleiner Junge,
ist sie bei einem anderen Mann?

„Mama", sagst du leise
und bist herrlich stumm.

Ich könnte dir erzählen
von einer lieben Mama,
oder es war
eine von den Omas,
sie kochte jeden Donnerstag
Spinat und Spiegelei,
ist das nicht furchtbar lieb?

Egal, mein kleiner Junge,
ich nehm dich in die Arme,
du fühlst dich an,
wie dieser kleine Prinz,
und tausend Blumen
könnten blühen,
tausend Tränen
werden fallen,
Fallen der Erinnerung.

# Gespannt

Dein Maschinengewehr
ist schlecht gelaunt,
weil meine Lärmbereitschaft
heute nicht
so selbstverständlich funktioniert.

Es schaut gespannt
in meine Richtung
und darf seine Wut
noch nicht entladen.

Also bitte ich dich:

„Drück doch ab
und zu
ein Auge zu
und ziele diesmal
ganz genau!"

# Kriegsspielzeug

Kleiner Junge,
müde vom Spielen,
träumt
zwischen den Steinen,
die sein Märchenschloss.

Kleiner Junge,
zerrissen von Granaten,
liegt
unter den Steinen,
die sein Massengrab.

# Für den vergessenen Weihnachtsbaum

Wenn man
in der Weihnachtszeit
einen Regenbogen
schüttelt,
dann müssten eigentlich
bunte Schneeflocken
durch die Luft
tanzen,
die sich
nach diesem Feuerwerk
des Winters
auf einem Tannenbaum
ohne Kerzen
ausruhen,
um in den Einsamkeiten
des Dezemberwaldes
festlich zu
leuchten.

## So weihnachtlich zumute

Vielleicht lässt die Zärtlichkeit
der Wolken
die Kühle
im Schein
der Nachtlaternen tanzen
nur für dich.
Du könntest dann
Kekse essen,
Würzewein trinken,
über schlafende Flocken spazieren,
wieder daheim
drei Kerzen anzünden,
die dein warmes Zimmer
sogleich erhellen,
weil dir dieses Jahr
so weihnachtlich zumute ist
den Schneewalzer mittanzen
nach deiner Melodie,
um Mitternacht
das nächste Türchen öffnen,
und mit einem
Stückchen Schokolade
unter der Zunge einschlafen.

# Ihr Vergehen

Zerbrochen
an der Zärtlichkeit
zweier Flügel
lässt die Ahnung
eines Engels
ihn den Himmel touchieren,

und der
Schmetterling der Nacht
wartet noch
auf den Weihnachtsstern,
der ihm erleuchtet
die schönste Blume im Eis,
weil seine Wärme
ihr Vergehen
sei.

# Pünktlich?

Der gelbe Postbus
befördert die Fahrgäste
von einer Stadt
in die andere Stadt.

Er fährt pünktlich ab
und kommt verspätet an.

Wegen
der geschlossenen Bahnschranke.

Der kurze
Zwischenhalt regt zu

Unterhaltungen an:
„Wir könnten auch
mit dem Zug fahren",
sagt ein Fahrgast.
„Dann allerdings
wäre die Schranke
immer geschlossen",
sagt der andere Fahrgast
zu dem einen Fahrgast.

Der Fahrer hat
eine graue Mütze auf
und betrachtet
das rotweiße Muster
der Schranke.

Sie wird nachher
gestrichen.

„Mit den Bremsen
ist etwas
nicht in Ordnung",
könnte er jetzt denken.
Er denkt an
seine zweite Frau.

Es ist ein kühler Tag,
an dem die Sonne scheint.

Der gelbe Postbus
befördert die Fahrgäste
von der anderen Stadt
in die eine Stadt.

Er fährt pünktlich ab.

# Augenblicke

Ich warte,
bis es noch kälter wird,
auf den ersten Schnee,
der die Dunkelheit erhellt,
zu mir fällt,
und wie
die allerschönsten Augenblicke
bei Wärme schnell vergeht.


## Wenn die Delphine träumen

Wenn die Delphine träumen
vom Mädchen der Liebe,
wenn auf kargen Bäumen
ein Schmetterling gern bliebe,

wenn der Kinder Lachen
die Sonne ließe scheinen,
wenn des Herbstes Drachen
gelassen von den Leinen,

wenn die Wellen schäumen
bis es glücklich bliebe,
dann werden Delphine träumen
vom Mädchen der Liebe.

# Sie werden schweigen

Sie werden schweigen
bei dem Gefühl
und traurig zeigen
auf das Gewühl.

Sie werden wagen
mit dem Versprechen
und bitter klagen
nach dem Verbrechen.

Sie werden grüßen
vor dem Gezitter
und furchtbar büßen
nach dem Gewitter.

## Die Erde ist rund

Er verteilte
einen roten Zettel
an sie.

Darauf stand geschrieben:
„Ich liebe dich
nicht mehr
oder weniger."

Sie formte
mit lässiger Zärtlichkeit
das
kleine Papier
zu einer Kugel.

„Die Erde ist rund",
lachte sie
und warf es
der Sonne entgegen
in einen
Mülleimer.


## Ausschnitt einer Vision

„Weißt du,
sich die Erde
untertan machen,

den Planeten
mit seinen Wüsten
kalt und durstig,

seinen Bergen
hoch und tödlich,
seinen Meeren
tief und schmutzig,

und überhaupt,
die Frauen wären witzig,
die Kinder äußerst höflich,
und die Männer
würden Gedichte schreiben
für
die fröhlichen Frauen
und artigen Kinder,

zum Beispiel über
,Die Zärtlichkeitsstruktur
in der Grobmotorik',
sehr interessant,
nicht wahr,

wobei mich
der dreibeinige Köter,
festgebunden an einem
,Füttern verboten' – Schild,
in diesem
Ausschnitt einer Vision
meiner
herr-lichen Weiblichkeit
etwas irritiert".

# Des Fischleins scheue Flügelflossen

Als in blauen Himmeltiefen
die Engelchen verträumt verschliefen,
fand ihr goldner Trauerstrahl
das Fischlein seiner Liebeswahl.

Er streichelt zärtlich unverdrossen
des Fischleins scheue Flügelflossen,
bis sich alle Perlenschuppen
zum schönsten Schmetterling entpuppen.

Der entfaltet im Erwachen
froh ein buntes Engellachen,
das als frecher Regenbogen
tanzt mit wilden Wellenwogen.

# Menschen, die ihr seid

Frauen, die ihr seid,
stark und voller Würde,
ist euch euer Leid
bald zu große Bürde?

Männer, die ihr seid,
frei und voller Leben,
ist euch euer Leid
bald zu starkes Beben?

Menschen, die ihr seid,
treu und voller Güte,
ist euch euer Leid
bald schon schöne Blüte?

# Lustig, eigentlich

„Ein Witzbold auch noch",
sagt die reiche Mutter
zu dir,
als du
mit einem Werkzeugkoffer
vor ihrer Haustüre
stehst
und behauptest,
du müsstest dringend
ihre Jüngste
untersuchen.

Am Tag danach
wähltest du
die peinliche Variante
und sprachst
die Tochter an.

Zum Beispiel
mit den Worten:
„Ich kenne
mich doch
von irgendwo."

Das beeindruckte sie
zweifellos
so sehr,
dass sie auf Zehenspitzen
dein Leben entlang
spazierte,
ohne es
zu berühren.

„Lustig, eigentlich",
dachtest du dir
beim Spucken
auf die Autobahn
von der Brücke,
von der sie
eigentlich
springen wollte.


## Frühlingsanfang

Der Traum
von einer Zärtlichkeit,
die eben erst geschah,

Berührung
für die Ewigkeit,
die Seelen heut so nah,

war Hoffnung
für die Sinnlichkeit,
die später wird geschehen,

Verführung
von der Wirklichkeit,
den Frühling jetzt zu säen.

# Vom Meeresgrund zum Himmelrund

Jeder Verletzlichkeit,
jeder Zärtlichkeit
malt die Seele
unserer Erinnerung
Träume der Farbe Blau,

und vom
Meeresgrund zum Himmelrund
glänzt bis leuchtet
die Palette der Künstlerin,

die als Göttin
auf der anderen Seite
des Mondes
uns
geborgen verborgen
bleibt.

# Lautmalerei

Sie
tanzen das Schweigen,

sie
trommeln mit Pinseln
ohne zu singen,

Lautmalerei.


Sie
tanzen das Schweigen,

sie
bewegen die Lippen
ohne zu küssen,

Lautmalerei.

# Ich bin dir nicht böse

Bitte,
ruf mich nicht mehr an,
und frag mich nicht mehr,
wie es mir geht,

ja, dein Bild
in meinem Kopf
hängt noch immer
an dem Nagel,
den du in mein Hirn
geschlagen hast,

nein,
ich bin dir nicht böse,
weil er größer
und reicher
und schöner
und klüger
und sensibler ist
als ich,

er passt also übrigens
besser zu dir,
egal,
ich bin dir keineswegs böse,

ja,
ich schätze dich sogar
ab,

und zu
meiner Freude
stelle ich dann fast
immer fest:

ich bin dir
nicht mehr böse.

# Mein baldiges Skelett

Ich
lasse mich herab
im offenen
Aufzug
zu dem hungrigen
schwarzen Puma,

dessen
Augen funkeln
in der Dunkelheit
wie
zwei verlorene Diamanten,

und
seine Zähne
spiegeln blitzend
mein baldiges Skelett.

# Taumedizin

Bist du eine schwarze Rose
oder ein weißes Atomkraftwerk?

Nur so zur besseren Information:

Wir alle bergen
die ganz große Katastrophe in uns,
im Kopf oder im Herzen,
wo auch immer.

Sie ist da,
wenn die Sonne scheint,
sucht sie den Schatten,
wenn es regnet,
wird sie zu Eis,

doch du läufst der Sonne entgegen,
formst später gar lustige Schneebälle

und wankst jetzt
im Blütenrausch des Frühlings,
betrunken von seiner süßen,
warmen Taumedizin
gegen die
ganz große Katastrophe
in dir.

# Der schmale und der dicke Mann

Der schmale
und der dicke Mann
schauen sich
verwundert an.

Der Schmale
sagt zum Dicken:
„Du wirst bald ersticken."

Der Dicke
sagt zum Schmalen:
„Ich werde dich zermahlen."

Der schmale
und der dicke Mann
schauen sich
verärgert an.

Der Schmale
sagt zum Dicken:
„Wir sollten jetzt frühstücken!"

Der Dicke
sagt zum Schmalen:
„Das werde ich bezahlen!"

Der schmale
und der dicke Mann
schauen sich
versöhnlich an.

# Alle – Mann zum Sieg bereit

Das ist wie Angriffsfußball
oder so,
weißt du,
wie ich meine,

die Verteidiger
ständig unter Druck setzen,
im Zweikampf
Mann gegen Mann
dagegenhalten,

weder sich
noch den Gegner schonen
und ihn totlaufen
sozusagen,

auf die
wirklich deutschen Tugenden setzen,
kämpfen bis zum Umfallen,
also dafür sind wir
überall gefürchtet,

wenn es sein muss,
eiskalt handeln
und niemals
eine Schwäche zeigen,

alle Mann zum Sieg bereit,
eben bis
an die eigenen Grenzen gehen
und darüber hinaus.

# Vom zarten Schimmer

Wenn
du redest
vom zarten Schimmer
roter Dächer,

wenn du also redest
vom Regenglanz der Ziegel
neben deinem schrägen Fenster,

aus dem wir hinausgeschaut
auf ein dunkles Überall,
in dem sich
ein baldiger Regenbogen
mit uns
auf den Sonnenaufgang
freute,

wenn du
von solchen Angelegenheiten
des Herzens
redest,
dann redest du
möglicherweise
von der
Liebe.

# Der sechste Blätterstrauß

# Er ist so traurig

Er ist so traurig
wie der Sommerregen,
der gießt und gießt und gießt,
bis ein Menschenherz
erfrischt.

Er ist so traurig
wie die Wintersonne,
die lacht und lacht und lacht,
bis ein Menschenherz
erwärmt.

Er ist so traurig
wie das Herbstblatt,
das malt und malt und malt,
bis ein Menschenherz
erfreut.

Er ist so traurig
wie die Frühlingsknospe,
die wächst und wächst und wächst,
bis ein Menschenherz
erblüht.

# Die junge Trauer

Auf einer alten Mauer
mit ihrer stolzen Scheu,
malt die junge Trauer
für seine Liebe treu.

Sie streichelt tiefe Narben
mit ihrer süßen Art,
sprüht die wilden Farben
auf seine Seele zart.

Wie dieser bunte Schauer
mit ihrem dunklen Haar,
tanzt die junge Trauer
durch seine Träume wahr.

# In einer Träne

In einer Träne,
die aus deinem Aug
auf den Boden schwebt,
sitze ich
und schreibe diese Worte
nur für dich,

ja,
in deiner Träne
gleite ich
in eine Helligkeit
hinein,
die mich als
zarter Morgentau
empfängt.

# Normalerweise

„Normalerweise
bin ich nicht so lustig",
und
„Ich habe schon lange
nicht mehr so gelacht",
sagt sie
und ist dir dankbar dafür,
so dankbar,
dass sie dir bestimmt
Zärtlichkeiten schenken würde,

doch das ist nicht nötig,
weil du es dir unterwegs
anders überlegt hast,

du nimmst ihre Hand
und gemeinsam beachtet ihr
die jungen Enten,
die du normalerweise nicht beachtest,

doch das ist nötig,
weil du es dir unterwegs
schon wieder anders überlegt hast,

du erzählst ihr,
dass du ab und zu
Gedichte schreibst,
und normalerweise
ist dann alles ziemlich poetisch,

doch das ist nicht nötig,
weil sie es sich unterwegs
schon wieder anders überlegt hat.

# Ahnung eines Liebesliedes

Ein Zittern
deiner Seele,
wenn du zart
berührt,

die
Ahnung eines Liebesliedes,
das noch
verboten ist,

für
das du aber
die Worte
in dir trägst,
wie
ein ungeborenes Kind,

dessen Herzenstöne
in dir flirren
für das Werden
dieser Melodie.

# Kein Bengelsehnen

Vater, so traurig die Sterne
und in der hinteren Ferne
kein Bengelsehnen,
nur Engeltränen,

Vater, du fragst: „Warum?",
ich sag: „Darum!",
und zeig auf dich
dem ich glich,

bis gestern die Schwestern
dich massierten und rasierten
an der Stelle,
die die Schwelle

zu einem Reich,
das dir gleich
dem Untergang geweiht
den Gläubigen verzeiht,

Vater, nimm es wie es ist,
wir haben uns nicht vermisst,

Vater, wie aus Versehen,
ohne Verstehen,
ist es geschehen.

# Im September

Was
lässt die Vögel
fliehen,

was
lässt die Blätter
träumen,

was
lässt die Blumen
hoffen,

was
lässt die Sonne
ahnen,

was
lässt die Winde
tanzen,

was
lässt die Menschen
spüren,

was
lässt die Seele
leben

im September?

# Unter dem Kojotenmond

Unter dem Kojotenmond
pinkle ich
vor einem Baum,
an dem ich mich
mit einer Hand festhalte,
weil ich so
besoffen bin
von dir.

Unter dem Kojotenmond
heule ich
vor einem Baum,
an dem ich mich
mit beiden Händen festhalte,
weil ich so
betroffen bin
von dir.

# In meine Dezemberscherben

Ich spüre so
einen unbestimmten Drang
zur Zerbrechlichkeit
in mir,
ein leises Schwingen
kurz vorm Zerbersten
in der Kühle,

und darum, bitte,
zieh deine Schuhe nicht aus,
denn sonst könntest du
in meine Dezemberscherben treten.

# Wenn sie staubsaugen würde

Wenn die Kinder
ziemlich früh
ihren Weg gehen,
sieht sie
in den Spiegel,

das lässt sie
ermessen,
vergessen,
die Sorgen, das Morgen,
den Regen,
der draußen fällt,

und ein Wind
kommt auf in ihr,
der auf Seelenwunden bläst,

bis das Telefon klingelt,
das sie
nicht hören könnte,
nicht stören könnte,
wenn
sie staubsaugen würde.

# Geleckt geweckt

Du träumtest
in meinem Traum
von einem Mann,
der dich
auf andere Weise liebt.

Ich stand auf
in meinem Traum
und ging
in eine Richtung,
in deine Richtung,
was wir nicht wussten,
bis wir uns begegnen mussten.

Und wir lagen nur so da
in meinem Traum,
träumten uns eine Zärtlichkeit,
die anders ist
als sonst,

bis wir zu unserer Überraschung
von einer Giraffe
geleckt geweckt
wurden,
nur so und zum Spaß
kletterten wir
in meinem Traum
ihren Hals hinauf,

bis wir,
der Sonne ziemlich nah,
den Himmel hätten berühren können,
in dem Augenblick,
als ich
unter einer Katzenzunge erwachte
aus meinem Traum.

# Ich möchte dich

Ich möchte dich halten,
in meinen Armen,
mit meinen Händen
dir etwas
auf deinen Rücken malen,
und du spürst
eine Sonnenblume
und du bewegst
deine Lippen,

und ich möchte dich halten,
in meinen Armen,
dir noch etwas
auf deinen Rücken malen,
und du spürst
ein Herz
und du berührst
meine Lippen,
und
ich möchte dich.

## Doch sie

Ich liebe Sie doch nie,
und dort,
wo sich
die persönlichen Frühnebelnebelfelder
auflösen,
Erwärmung bis auf zwanzig Grad,

und Sie brauchen
mir nicht erzählen,
dass dies für mich
ein Grund zur Traurigkeit sei,

denn,
ich bin der,
der ihr Gedichte schreibt,
ich bin der,
der bei ihr bleibt,
in Gedanken, die schwanken,

denn,
ich liebe nie,
doch sie.

# Versmatrose

Er tauscht
die übliche Sonne
gegen
den seltsamen Orangenmond,
zählt die Schatten
zur Nacht zusammen
und ist
sehr stolz darauf,
seit vielen Jahren
ein Versmatrose zu sein,

der auch
in dieser Dunkelheit
auf seinem Schmerzensschiff
den Sternen
Zärtlichkeiten flüstert,

die am nächsten Tag
als Poesie des Morgenrots
einem blauen Himmel leuchten,

der ihm dann
in seiner frischen Klarheit
die Ahnung
eines Hafens schenkt,

in den er
irgendwann
heimkehren wird,
wie
in einen,
deinen
Sehnsuchtsschoß.

# Schmerzprinzessin

Wenn du spürst
diese Zerstörung,
und dich fragst,
was das denn
so soll
mit dieser Zärtlichkeit
in dir,

schlägst du
die schlauen Bücher auf
und liest,
dass
Zerstörung und Zärtlichkeit
sich entsprechen,
einander bedingen,

beschwingen wie diese
fliegende schwarze Rose,
die auf deinem Kopf landet,
um morgens als
kleiner Dornenvogel
siebenmal
in die Richtung
zu krähen,

aus der schätzungsweise
die nächste Schmerzprinzessin
barfuß
durch deine Lebensscherben
tanzen wird.

# Einfach egal

Vielleicht ist das Leben
wie eine wunderschöne Frau,
die du
über alles liebst
und die dich irgendwie
auch sehr gerne mag,

obwohl sie mindestens
zehn Zentimeter größer wirkt,
als du es jemals sein wirst,

doch manchmal,
wenn du
ziemlich mutig bist,
nimmt sie trotzdem
deine Hand
beim Spaziergang
durch die Straßen,

und
all die Blicke
sind ihr
und sogar dir
einfach egal.

# Knusperspaß

Manchmal,
glaube ich zu verstehen,
dich,
warum du gegangen bist,
von mir
und überhaupt,
an so einem grauen Tag.

Ich schaue aus dem Fenster
und sehe einen schwarzen Vogel,
der alleine blieb zurück.

Er wird die Kälte überleben
und singt deshalb ein Lied,
an so einem grauen Tag.

Ich atme kräftig
durch die Würzeluft
und laufe
auf gefallenen Blättern
bunt,

die unter
meinen Füßen klingen
wie der schönste
Knusperspaß,
an so einem grauen Tag.

# Ein vergängliches Weiß

Ich träume
von einer Träne
im Winter,

ich träume
von einer Träne
im Schnee,

so
wie die Trauer
der Kinder

ein erstarrender See.

Ich träume
von einer Blume
im Winter,

ich träume
von einer Blume
im Eis,

so
wie der Atem
der Kinder

ein vergängliches Weiß.

# Das kleine Egoschwein

Ich laufe
durch die späte Novemberstadt
mit dem kleinen Egoschwein
an der Leine.

Da es
klug und rosig
ist,
lasse ich im Park
das kleine Egoschwein
von der Leine,
worauf es freundlich
an den ersten
Winterblumen schnüffelt.

Ich setze mich
neben ein gefallenes Blatt
auf die alte Bank
unter dem Kastanienbaum.

Die Novembertraurigkeit
geht an mir vorüber
und ihr Lächeln
ist wie immer
viel zu schön.

Ich träume ihr hinterher,
besinnungslos vor Sehnsucht,
doch wo ist
das kleine Egoschwein?

Ich werde es
jetzt suchen
in allergrößter Sorge,
weil es aller
Freundlichkeit zum Trotze
ziemlich arg verfressen ist.

Welch wunderschöner Zufall:
Als ich es
endlich finde,
nascht das kleine Egoschwein
Kekse
im Schoß der Novembertraurigkeit
und grunzt mir
zufrieden zu.

# Zeit zum Aufgehen

Die Sonne schaut
auf die Sonnenuhr

und versteckt sich erleichtert
hinter ihrer Wolkendecke,

weil es
noch nicht
Zeit zum Aufgehen
ist.

# Vor der Liebe

Vielleicht ist es
die Angst
abgelehnt zu werden,

vielleicht
die Angst
sich nicht begegnen
zu können,

vielleicht ist es
die Angst
vor dem Alleinsein,

was auch immer,
jedenfalls ist es nicht
die Angst
vor der Liebe.

# Einsamkeit

Einsamkeit,
ich hab dich
nicht gerufen,

lass mich
mit mir allein,

Einsamkeit,
du störst mich jetzt
beim Träumen,

klopf
doch einfach mal
bei ihr.

# Hinter ihrem Wasserfall

Ich
möchte dem Fall
der Regentropfen folgen,
ich
möchte hören,
was sie erzählen,
ich möchte
zur Ruhe kommen,
schweigen,
an dich denken,
an dich,
die du
die Regentropfen liebst
wie Geschwister,
die
mit dir tanzen,
die
mit dir trauern,
die
dich beschützen
hinter ihrem Wasserfall.

# Einen scheuen Blick

Einen scheuen Blick
vielleicht,

einen scheuen Blick,
der am
Ende jedes Regenbogens
verborgen ruht,

dort,
wo du in diesem Moment
von einer Wärme träumst,

dort,
wo du in diesem Augenblick
aufhörst zu trauern,

dort darf ich sein
für einen scheuen Blick.

# Keine Hoffnung

Keine Hoffnung,
die schöner ist,
als die Hoffnung
auf Freiheit,

auf die Freiheit
zu lieben,
das Leben und dich,

und überhaupt nichts
zu sollen,
zu wollen,

als eine
Ahnung von Hoffnung
auf mich.

## Starren

Starren auf
die eigenen kleinen Schuhe,

starren auf
ein verschneites Gleis
und Opa
an der Hand halten,

starren und
ihn nicht fragen,
was sich auf „Kirche" reimt,

starren und spüren,
wie die Traurigkeit
und der Schmerz
heimlich
im schäbigen Bahnhofshotel
ein Zimmer nehmen.

# Der siebte Blätterstrauß

## Für die guten Zeiten

Eine gewisse Traurigkeit
zu bewahren
ist dir wichtig,

einen kleinen Rest
an Verlorenheit,
der dir zur Verfügung steht,
als ein Mindestmaß
an Schmerz,

ein wenig Angst,
eine Notration an Leiden
sozusagen,
die du dir ersparst
für die guten Zeiten.

# Dann die Eisenbahnbrücke

Der Rhythmus der Räder
auf verschneiten Gleisen,

der Rhythmus der Feder
auf der Suche nach Beweisen,

dann die Eisenbahnbrücke
und dein Mut zur Lücke,

Rhythmus der Feder,
Rhythmus der Räder,
Suche nach Beweisen
auf verschneiten Gleisen,

und unter dieser Brücke
gefroren
deine besten Stücke.

# Wintermorgen in Schwarzweiß

Rot
verhüllte Träume
werden sich vergessen
bald,

doch
eine alte Frau,
vom Leben verrückt,
klappt
die Läden um
und
beweint die Welt
zu laut,

bis
meine müden Schritte
mich entfernen von ihr,
an diesem
Wintermorgen in Schwarzweiß.

# Mächtige Berührungen

Der kleine Elefant kehrt
vor dem Winterzirkus
mit seinem Rüssel
den Schnee zur Seite,
von links nach rechts,
von rechts nach links,
bis ihn diese
Zärtlichkeit der Kälte
genug erfrischt
und er voll Vertrauen
über den
vereisten Fluss stapft,
der noch
an diesem Morgen
von mächtigen Berührungen
geträumt.

# Die geschälte Karotte

Plötzlich schämte sich dieser Mensch
wie eine Karotte beim Schälen,

denn die traurigen Idioten
saßen im Schnee
und lachten darüber,
wie er küsste, wie er sprach,
wie er sich wichtig war.

Sie lachten ihn aus,
bis er im offenen Wagen fuhr davon,

und die Frau an seiner Seite
begann gerade nachzudenken,

doch dann hielt er an,
um einem zufälligen Schneemann
die geschälte Karotte
mitten ins Gesicht
zu drücken.

# Annehmen

Wir alle nehmen
eine gewisse Wärme an,

wenn wir uns
unter Menschen begeben,

wir, die wir ja
auch annehmen,
von den Affen abzustammen,
von den Politikern betrogen zu werden,

und annehmen ein Paket,
deshalb nehme ich mal an,

dein Angebot
und sage: „Ja!"

# Blumen aus Eis

Irgendwann auf dieser Reise
fragtest du ihn,
ob er dich liebe,
doch was soll Mann antworten
auf diese Frage?

Er pflückte dir
Blumen aus Eis,
die deine Wärme nicht vertrugen,
was du nicht verstanden hast,
was dich etwas traurig stimmte,
bis ihr in ein anderes Land kamt,

ich glaube,
es wird Traumland genannt,
wo ihr heiratetet,
in einem großen Haus auf eure Tochter wartetet,
die bestimmt wunderschön geworden wäre,
wenn er nicht darauf bestanden hätte,
eure Flitterwochen an einem ganz besonderen Ort
zu verbringen.

Und irgendwann
auf dieser Reise
stapftet ihr wie Maria und Josef
durch den Schnee
und klopftet an die Türen
von diesen Herbergen,
die überfüllt sind mit Menschen,
die euch glichen.

Und irgendwann
auf dieser Hochzeitsreise

fragtest du ihn nach dem Stall,
doch dort schmiegte sich gerade
ein Engel an seinen Hirten,
um nicht zu frieren,

und er pflückte dir
Blumen aus Eis,
die deine Kälte gut vertrugen,
was er nicht verstanden hat,
was ihn etwas traurig stimmte.

# Ja, Ja, Januar

Nicht einfach
mit mir gerade:

den Dezemberschnee vergessend,

die Narrenzeit befürchtend,

die Frühlingssonne verlangend,

sitze ich da
und stammle:

„Ja, Ja, Januar."

# Gummibärchen ohne Zucker

Keinerlei Königin
heute im Zugabteil,
aber eine süße Prinzessin,

die mir
auf die Frage
nach ihrem Alter

mit vier wohlgenährten Fingern
ins Gesicht schlägt

und mit ernster Stimme sagt:

„Es gibt auch
Gummibärchen ohne Zucker!"

# Zauber ihrer Zärtlichkeit

Ein kleines bisschen Glück
auf irgendwelche Gesichter zaubern,

zaubern,
und so tun,
als ob auch Gott traurig wäre,

und nicht fragen,
ob es ihn überhaupt gibt,

denn die Traurigkeit
gibt es zweifellos,

und der Zauberer
der glücklichen Gesichter
liebt sie sehr,

und manchmal,
wenn kein Lied
ihn trösten kann,

verwandelt ihn der
Zauber ihrer Zärtlichkeit.

# Keine Zärtlichkeit

Keine Zärtlichkeit,
die für mich empfunden,
blieb für die Ewigkeit,

keine Zärtlichkeit,
die ich noch spüren werde,
wird für immer sein,

und doch schmerzt
keine Zärtlichkeit
heute sehr.

# Feuerdrachen

Wer wie wilde
Kinder lacht
will nachdenken,
über das,
was die Sonne ist,

für mich,
für dich,
für alle Menschen,

deren Schein
nicht dem der Sonne gleicht,

und nachdenken
über diesen Feuerdrachen,

auf dem die wilden Kinder
flackernd fliegen
um die ganze Welt.

# Rote Rosen über weißem Papier

Rote Rosen
über weißem Papier,
und ich frage mich,
ob es ein
Zuviel an Zuneigung
gibt,
einen Sättigungspunkt der Liebe,
ein Höchstmaß der Gefühle,
das nur gesteigert
werden darf,
um sich gegen dich selbst
zu wandeln
als Ohnmacht roter Rosen
über weißem Papier?

# Tankstelle

Die Verlassenheit
einer menschenleeren Tankstelle
an einem
Spätnachmittag im September,
der gerade
zu Ende geht,

ist die mir
entsprechende Einsamkeit,
die ich
aus dem Fenster gelehnt
betrachten möchte,

und wie die Vögel
auf den Drähten
verharrt in Erwartung
einer fernen Wärme
dein Bild
in mir.

# Bleib bei uns

Komm,
bleib bei uns,
und
lass uns raten,
welche Farben
deine Augen spiegeln,

komm,
bleib bei uns,
und
lass uns dir
besondere Namen geben,

ja,
bleib bei uns,
und
lass dich streicheln,
bis zum ersten Schnee
und überhaupt.

# Ein zukünftiger Schneemann

Einsamkeit ist
ein schönes Thema,

denn wer vergisst schon
die Sonne
einfach so,

wobei
ein zukünftiger Schneemann
bereits
im November spürt,
wie gut
es sich
im kalten Schatten
feiern lässt.

## Listen to

Late
at night,
I lay awake
and
listen to
a cold rain
turning
into snow,

early
in the morning,
I
fall asleep
and
listen to
your warm voice
whispering:
"I know."

# Im Sommerwind

Wie dieses Blatt im Wind
werde ich Abschied nehmen,

wie dieses Blatt im Wind
werde ich getrieben sein,

doch dieses Blatt
wird nicht tanzen
wie ich im Sommerwind.

# Wie lustig

Wie lustig:
der kleine Affe in meinem Kopf
wirft mit geschälten Bananen nach dir
und lacht,
weil ich auf den dazugehörigen Schalen
ausrutschen werde.

# Versäen

Schuld sind wir von vornherein
mit jeder Bewegung auf den Andern zu,

denn in unserer Bescheidenheit
vermögen wir trotz gewisser Anstrengung
die Heftigkeit der dann möglichen Berührungen
nicht zu erspüren,

doch was uns bleibt
ist meist Erschütterung
und die Lebendigkeit,
das in uns Aufgewühlte
mit wahrer Zuwendung
zu versäen.

# Ungeheuer ungeheuer

Es ist dem
Ungeheuer ungeheuer,
dass wir alle wissen,
wie die Sonne schmeckt,
wobei der Geschmack
des Verbrannten
dem des Feuers
in seinem Rachen gleicht,

und unsere Zungen
sind bedeckt mit Ruß,
und unsere Herzen
zerfallen zu Asche,

und es ist dem
Ungeheuer ungeheuer,
dass wir alle ahnen,
wie die Hölle schmeckt.

# Aus dem Andersstädtchen

Trotz dem Wahne
dient die Fahne

mit dem Haken
gut als Laken,

und der kleine Rassejunge
gibt mit seiner Honigzunge

in dem schönen Andersstädtchen
seinem scheuen Heimatmädchen

vor dem nächsten Schuss
schnell noch einen Kuss.

# Nicht aus Bescheidenheit

Ich fühle den Wunsch
stiller zu werden,
behutsamer mit der
mir eigenen Geschwindigkeit
umzugehen,
nicht aus Bescheidenheit
bescheidener zu sein.

# Belegte Seele

Ungespülte Teller,
leergegessen, fast,

Polizisten auf dem Bahnsteig,
Schäferhunde, übellaunig allesamt,

garniert von
Schneeflocken im März,
unwillkommen,

belegte Seele also eigentlich,

und doch
könnte ich lächeln
immerzu.

# Hoffnung

Ist Hoffnung
die erste und die letzte
Möglichkeit des Menschen,
um sich in einem Gelächter
des noch Kommenden zu verlieren,

oder bringt Hoffnung
auf die Hoffnung
blühend die Unmöglichkeit zum Ausdruck,
im Rückwärtsgang der Gefühle
sich selbst finden
zu wollen.

# Balance

Du möchtest
ein Abenteurer sein,
der ihr
von einem Schimmel
erzählt,
bis sie
auf ihm reitet
den Strand entlang
in deinen Träumen,

damit du
am nächsten Morgen
ihren Spuren folgen kannst,
denn sie
möchte gefunden werden,
von dir,
weil du sie
mit den Wolken
ziehen lässt,
bis die Sonne scheint,

und
in diesem Augenblick
des Glanzes,
wirst du
ein Artist sein,
der auf einem Seil
tanzend
für eure Welt
ein Gleichgewicht
erschafft.

# Traum der Rosen

Den
Duft der Rosen
ahnen,
die deine Wege
bahnen,

die Dornen
und die Blüten
spüren,
die
zu ferner Hoffnung
führen,

den Tau
der stillen Tränen
lecken,
die
nach fremder Schönheit
schmecken,

den
Traum der Rosen
träumen,
die deine Liebe
säumen.

# Reite auf mir!

Pferd
mit Anzug
und weißem Hemd,

ziemlich lustig
auch
das strahlende Gebiss,

schwarzer Anzug
übrigens,

lange Mähne,
aber sehr gepflegt,

feilt
seine Hufe
an deiner Häuserwand,

bis
da geschrieben steht:

„Reite auf mir!"

# Zentimeter später

Zentimeter später
bemerke ich
das unangenehme Gefühl,
in mir
alles
vergessen zu haben,

wobei
die Erinnerung
an das Vergessene
meist
schmerzlicher ist,
als das Vergessene
selbst,

welches
der besondere Ausdruck
eines Verzeihens
sich selber gegenüber
sein könnte,

und mehr
als jedwede Gegenwart
mir
die Würde
für ein Heute
verleiht,

das als
ein besonnenes Bisschen
dahergeträumt kommt
in diesem Augenblick.

## Liebe das Leben

Schwester,
du hast dir nicht bloß
die Seele verbrannt,
als du Feuer fingst,

Schwester,
hör mir zu,
diese Frau sagt,
seit drei Wochen schon
schläfst du,

Schwester,
du träumst vielleicht
von einer Mutter,
die im Himmel
mit deinem Engel
tanzt,

Schwester,
ich habe Blumen gemalt
in dein Tagebuch
und überhaupt
schreibe ich
dein Leben fort
auf bunten Seiten,

Schwester,
ich halte deine Hände
und streichle
deine dünnen Arme,
denn wenn du erwachst,
wird die Sonne scheinen,

Schwester,
hör mir zu,
das wird dann wunderschön,
Schwester,
ich liebe das Leben
und dich
die ganze Nacht.

# Über unsichtbare Schwäne

Was soll ich dir erzählen
über unsichtbare Schwäne
im Schnee,
die für unsere Augen nur
ihre Bestimmung
zur Treue verraten,

doch
bloß in Augenblicken
wie diesem
uns
die Wahrheit
und den Mut
entblößt zu frieren
schenken?

# Der achte Blätterstrauß

# XY Gelöst?

Apothekenfachverkäuferin
Bushaltestelle
City
Dunkelheit
Entschluss
Feierabend
Gemütlichkeit
Handtasche
Interesse
Junge
Kontostand
Laternenlicht
Messerklinge
Niederstich
Ohnmacht
Panik
Quälgeister
Raserei
Suche
Taschenlampe
Unterricht
Verhör
Widerspruch

X
Y
Gelöst

Zellenstrick.

# Wird ja alles gut

Deine Stimme hören,
nur deine Stimme hören,
mein Gott,
wie zerbrechlich ich mich fühle
heute,

ein eisiger Wind,
der mich zum Einstürzen bringen könnte,
wenn ich wollte,
fordert mich heraus,

ich soll mich stellen,
soll kämpfen,
aber ich denke an die Frauen,
die mich umarmt haben,

mein Gott,
wie ich mich dafür schäme,
dass ich mich
nicht erhebe, erhebe
für mich selbst,

deine Stimme hören,
nur deine Stimme hören,
die mir sagt:
„Ist ja gut,
wird ja alles gut!"

# Von deinem Werden

Wenn du
mit den Wolken
getanzt,
weine mit
dem Regen,
höre ihm zu,
er will dir erzählen
von deiner Trauer.

Wenn du
mit dem Wind
gespielt,
blicke zu
den Sternen,
sie werden dir
erzählen,
von deinem Werden,
von den
Berührungen und Bewegungen,
von Begegnungen,
die flüsternd
auf dich warten.

Wenn du
mit dem Mond
geträumt,
weckt dich
die Sonne,
lasse sie zu,
sie will dir erzählen,
von deinem Strahlen,
das sie erhellt.

# Stunde des Lichts

In der
Stunde des Lichts
ist die Welt rot,
weil
die Liebe
mich erobert,

in der
Stunde des Lichts,
bin
ich wahllos,
bin
ich wehrlos
vor lauter Glück,

doch
in der
Stunde des Lichts
wird mein Schatten
länger und länger,
bis mich
die Dunkelheit
zum Abschied
küsst.

# Den Mond finden

Komm,
lass dich
den Mond finden,

seiner Spur
auf dem Meer
folgen,

lass dich
die Arme öffnen,
zart empfangen
seine helle Macht,

die
dich hält,
wenn du beginnst
zu fallen,

und dich
die Sonne ahnen
lässt.

# Auf der anderen Seite

Auf
der anderen Seite
wirft
ein alter Wolf
keine Schatten,
wenn er mit
dem klammen Erinnern,
dem wilden Vergessen
um
die erloschenen Vulkane
schleicht.

Auf
der anderen Seite
tanzt
ein alter Wolf
zur
Melodie des Mondes,
die aus
fernen Welten
sich
zu ihm verirrt.

Auf
der anderen Seite
heult
ein alter Wolf
vor lauter Glück,
bis ihn
die treue Nacht
erlöst.

# Wahrscheinlich gegen mich

Ein bleicher Mond,
die Scheibenwischer unentschlossen
auf dem Weg
zu dir,

der Taxifahrer sagt etwas,
ich sage etwas,
wir führen ein Gespräch
in die Wüste,

ich erwarte dich
mich erwartend
am Fenster stehend,
du liebst den Regen,
du liebst den Mond,
und mich
gibt es auch
heute Abend
nur einmal lustig,

kein Tag ist vergangen,
seit der letzte Tag
vergangen ist,

die Bremsen quietschen,
mein Verstand knallt
gegen das Armaturenbrett
in meinem Kopf,

und ich
setze zwanzig Taler
auf dich,

der Taxifahrer
dreißig Kreuzer,
wahrscheinlich gegen mich.


## In irgendeinem Augendblick

Wie könnten wir
das Lachen vergessen,
wie die Sehnsucht
und die Tränen,
die wir
in uns tragen,
bis sie
bei irgendeinem Abschied
mit uns gehen?

Wie
könnten wir
die Liebe vergessen,
wie die Hoffnung
und die Wahrheit,
die wir
in uns tragen,
bis sie
in irgendeinem Augenblick
mit uns gehen?

# Nur zögernd

Die Vase
mit den Rosen
auf den Tisch stellen,
sie skizzieren,
nur um auszudrücken:

Es gibt mich.

Dir zuhören
und spüren
die Unmöglichkeit
dem Anderen
vollkommen
nah zu sein,
und du sagst:

„Die Wahrnehmung
beschreibt die Wirklichkeit
nur zögernd ..."

# Um die Vergänglichkeit

Wenn es draußen
kalt ist,
wasche ich deine Haare
und flüstere Zärtlichkeiten,

bis das Fenster
beschlagen ist
von deinem Atem,

damit ich dieses
Gedicht schreiben kann,

nur
um die Vergänglichkeit
zu berühren.

## Gelassener Verlassener

Und all die Dinge
fühlen sich
so endlos an,

wo beginnen,
wo zerstören,
wenn das Leben dir beweist,
es ist alles
nur ein noch ein Mal,

wenig anders du,
gelassener, verlassener,
wer weiß,
und im Kern
derselbe Mensch
voll Bewegung
Himmelrichtung Kind.

# Zeitlupen

Du
betrachtest die Welt
durch Zeitlupen,
was auch immer
das bedeuten
mag
für dich,

Geschwindigkeiten
bestimmen dein Sein,
die Raserei
und die Langsamkeit
sind wie Geschwister
deiner Seele,

und
Schritt für Schritt
in die Pedale
getreten,
vergrößern sich
die Sekunden
in ihrem Takt
zu einem
Leben,
das dir gemäß,
vielleicht.

# Laster abstellen verboten

Ein paar Geheimnisse,
die keine sind,
wolltest du mir anvertrauen
heute Abend,
zum Beispiel,
dass du heimlich
rauchst, naschst
und so weiter,

also
all die Ungeheuerlichkeiten,
die einen Menschen
ungeheuer geheuer
werden lassen,

und wie es
der Zufall so will,
weist uns
bei der Parkplatzsuche
vor deinem Haus
ein
"Laster-Abstellen-Verboten"-Schild
den richtigen Weg.

# Das fliegende Mädchen

Im
Staub der Manage
die Spuren
eines Clowns,
der die Zuschauer
zu Tränen gelacht,

und sein Geist
steigt
höher und höher,
in ihre Herzen,
in ihre Köpfe,

doch bevor sich
sein Trotzdem
an der Kuppel
des Zeltes verliert,
fängt es
das fliegende Mädchen
bei seinem
Sprung ins Nichts.

# In Zeiten der Zuneigung

In Zeiten der Zuneigung
ungeschützt einen Vers schreiben
für dich,

die Seelenlarve
in Schmetterlingsworte wandeln,
den Flug der Delphine
in Buchstabenbögen schwingen,

und rote Rosen,
die wir alle
in Zeiten der Zuneigung
tragen unter dem Herz,
legen aufs weiße Papier.

# Zeit verzeiht

All die Dinge,
die mir wichtig sind
und waren,

launisch
wie der Wind,
voller Gefahren,

all die Liebe,
all der Tanz,
all die süße Eleganz,

nur
dem Untergang geweiht,
bis dir
all die Zeit
verzeiht.

# Bereit zur Heimat

Tausend Segel sind gehisst,
tausend Fragen längst gestellt,
der Wind ist günstig,
ihre Tränen
Teil vom Meer,
fern von hier
ist nah bei dir,

du darfst jetzt aufstehen,
dich ruhig erheben,
tausend Dinge richtig tun,
komm, lass dich treiben
hinaus aufs Meer,
fahr mit den Fischern,
sei ihr Gast,

die Netze prall,
die Arbeit getan,
ein Schweigen macht die Runde,
stolze Stille,
die du liebst,

alle Gefühle
in einer Welle,
deren Gipfel
dein Herz erfasst,

„Bereit zur Heimat!",
ruft eine Stimme,
ein wilder Wind
bittet zum Tanz,

bis so schlaue,
so raue Wetter
schaukeln euch heim.

# Sekunden der Balance

Und mein Tanz
ist gegen
den Uhrzeigersinn gerichtet
mit voller Wucht
zart begangen,

und die
Erde dreht sich,
und die
Erde dreht sich,
bis mir schwindelig wird
von ihrer Bewegung vielleicht,
von ihrer Schönheit bestimmt,

und der Tänzer,
der ich bin,
so für mich allein,
bellt die Frühlingssonne an
vor Glück,
ist gelassen schonungslos
in Sekunden der Balance.

# Engel ohne Ende

Engel ohne Grenzen,
niemals Flügel stutzen,

tanzt ewiglich
um die Sonnenuhr
unterm Regelfall,

und bei Schneesturm
mit den Hüften wackeln,

weil ein kühler Herrscher sich
Zacken aus der Krone bricht,
bis da ein Verzeihen königlich.

Engel ohne Ende,
Souvenir einer Verschwendung,
liebt den
Trauerglanz der Menschenaugen,

weil er fühlt
den Tod,
wenn die Dämonen sterben,
uns zu bald verlassen
an einem Frühlingstag.

# Es beginnt

Viel das Wasser, viel der Wind,
all die Träume
für das Kind
und die Menschen,
die wir sind,

vergessen, ermessen, besessen
von dem Geist,
der durch die Leben reist,

keine Ruhe,
keine Kraft,
alte Truhe,
Wunde klafft,

Kind spielt in dem Gras,
Füße sind vom Regen nass,

alle Fragen
unerhört,
nicht verzagen,
Trauer stört,

keine Schritte,
kein Zurück,
keine Mitte,
Stück vom Glück,

viel das Wasser, viel der Wind,
Kind wird blasser,
es beginnt.

# Doch wohin?

Wenn niemand
deine Hand jetzt hält,

und stiller
noch als still
die Sonne dir misstraut,

fällt dir
das Gegenteil von
„Gedächtnislücken"
nicht ein,

und süßlich schwer
lockt die Flucht
aus dem Schatten
des Mondes dich,
doch wohin?

# Brücke aus Versehen

Der kleine Elefant
möchte ein Dinosaurier sein,
für ein paar Stunden nur,
ich meine,
warum auch nicht,
denn Traurigsein ist eine Fähigkeit
wie, sagen wir mal,
Zärtlichsein,

ja, das Rüsseltier,
es verwandle sich
in einen Langhals
von erstaunlicher Größe,
was übrigens bei den Giraffen
ziemliche Verwirrung auslöst,

denn sie denken,
er sei König,
er müsse ihr König sein,
weshalb sie sich äußerst tief verneigen
allesamt,

worauf wiederum andere Tiere
von nicht gerade geringer Zahl
auf ihrer Brücke aus Versehen
gedankenlos vor Freude
Richtung himmelwärts marschieren,

bis sich mit den Giraffen
die Frage erhebt,
wie in solchen Augenblicken
der Boden der Tatsachen
unter den Pfoten
nicht zu verlieren sei,

doch das braucht
den kleinen Elefanten nicht kümmern,
wenn er sich
köstlich königlich bewegt.

# Erinnerungen an die Schwester

Erinnerungen an die Schwester
tauchen dich in weißes Licht,
bis Schneeflocken,
die mit ihr getanzt,
bedecken zart die Spur
vor eurem Haus,
bis letzte Wellen
schmeicheln um
eure lustige Zehen
in einem warmen Land.

Erinnerungen an die Schwester,
berühren dein Herz
als eine viel zu ferne,
viel zu schöne Melodie,
wie eine traurige Geschichte,
deren Ende du ahntest
in bangen Augenblicken
des Glücks.

Erinnerungen an die Schwester
träumen vom Werden,
vom Vergehen,
sind dir
Vater und Mutter,
sind wie grausame Kinder,
die nicht mehr
mit dir spielen
an jenem Tag,
an dem du
jeden Regenbogen gezaubert hättest
nur für sie.

# Zukünftig Erstrebenswertes

Wo zwei
oder drei
von uns versammelt sind,

Tore
noch einmal schießen,
Pferdestärken
schon wieder zähmen,

Vergangenheiten formulieren,
zukünftig Erstrebenswertes fokussieren
und lamentieren,
zwischen den Zeilen
aber nur,

weil Gegenwärtiges
nicht so floriert,
wie das Geschäft
mit der Lüge
bestimmt,

doch bei jedem Reiz
weiblicher Natur
die Denkschublade schließen, leer.

# Der neunte Blätterstrauß

# Trauer eines Königs

Manchmal
denkt er noch
an dich,
wenn er
Sonnenblumen streut
auf die
Gräber seiner Ahnung,
die er
kaum gekannt,

doch sein Zepter
wutentbrannt
Richtung Sternenmond
geschleudert,
ist
nur sanfter Widerspruch,

denn viel
blauer noch
als jenes Blau,
das Piratenthrone säumt,
ist die
Trauer eines Königs
der Gedanken
nur an dich.

# Ihr Nebeltanz

Ein
Stückchen Himmelblau
auf einem Kinderbild
betrachtest du
versunken,

bis Kolibris
der vagen Melodie
schwingen empor,

und weiße Rosen,
die deine Lieblingsblumen
sind vielleicht,

wiegen sich
im Hoffnungshauch
zum Klang
der traurigen Trompete,

der
scheue Schleier
nun bewegt,
die ferne Zärtlichkeiten
still umarmen

und
eine Ahnung schon
von Wärme
bergen,
wenn ihr Nebeltanz
vorbei.

# Auch dein Freund

Ich
bin die Trauer,
der König,
ein Sünder sogar,
ganz raubkatzenhaft
auch ein Kind.

Ich
bin die Sehnsucht,
der Weise,
ein Vampir vielleicht,
ganz piratenhaft
auch ein Clown.

Ich
bin die Schmerzen,
der Engel,
ein Gaukler gewiss,
ganz heldenhaft
auch dein Freund.

# Gefängnisherz

Die Liebe,
von der du sprichst,
soll sich
ausbreiten
wie ein roter Teppich,
den ich
mit bloßen Füßen nur
berühren darf,

und
deine Gegenwart,
die immer gegenwärtig,
macht mich
mit ihrer puren Tröstlichkeit
betroffen,

getroffen
von jener Sehnsucht,
welche
für einen guten Zweck

die Verwandlung

der
Möglichkeit einer Unmöglichkeit
in die
Unmöglichkeit dieser Möglichkeit
zaubert

in
unser reizendes Gefängnisherz.

# Dem verratenen Sonnenaufgang

Frau,
ein, zwei
Gedanken an dich,
wie Nachtfluglichter,
die den Träumerhimmel
vage verzieren,

wie im Erlöschen
verstandene Sterne,
denen ich,
nur so zum Abschied,
aus Gefühlssprossen
eine Liebesleiter bastle,

die an
den vollen Mond
gelehnt,
mich in
ungeahnte Höhen führt,
damit ich den Kraterkatzen
Geschichten von
dir und dir
erzähle,
bis du
dem
nächsten verratenen Sonnenaufgang
Trost.

# Wenn Wahnsinn entsteht

Ich
tanze im Nebel,
die
Sonne erscheint,
ich
löse die Knebel,
die Hitzige
meint,

ich solle vergessen,
was irgendwann
war,
ich möchte betonen,
das ist mir
längst klar,
es gilt zu
verschonen,
was irgendwann
wahr,

so treib ich
im Trüben,
die Sonne vergeht,
man feiert
in Schüben,
wenn Wahnsinn entsteht.

# Die Liebe entlang

Im Träumen
wie im Lachen
vereint,
die Ängste verfliegend,
über den
eigenen Horizont hinaus,

die Liebe entlang
die Sonne
verführend berührend,

verglühend
wie glückliche Sterne
am Ende der Nacht,

doch ahnend,
was die zweite Bedeutung
von Zärtlichkeit
sein könnte,
wenn das letzte Wort
verstummt.

# Sonnenblumentrauer

Ein Hauch
des Sommerwindes,
ein werdender Septemberatem,

eine Ahnung noch
von Wärme,

bist du

wie absichtsloser Kuss,
der mit
fast feuchten Lippen
vorletzte Auguststrahlen streift

und die Sonnenblumentrauer
bald berührt.

# Delphinenflug

Delphinenflug,
ein blauer Regenbogen,
eine
Brücke noch,
von
mir zu dir,

damit ich sein kann
bei dir
in Gedanken,

wenn du weinst
bis lachst,
unter Wellen tanzend
im Gefühl.

# Du bist

Du bist
wie diese Regenfarben,
die im Erblassen
sprühen,

du bist
wie diese Sonnenboote,
die im Ertrinken
glühen,

du bist
wie diese Sternenblumen,
die im Erlöschen
blühen.

# In der Dunkelheit

In der Dunkelheit,
da möchte
ich schreiben,
für die Dunkelheit,
die mich bewegt,

die Gedanken jagen lassen,
den Augenblick des Sonnenstrahls
im Dämmertal erfassen,
diese Ahnung schon
von Glück,

und beginnen
mich zu erinnern
an die Traumgeborgenheit
einer Sehnsucht
nur nach dir.

## Wellen werden

Wenn du traurig bist,
streichle ich
deine kalte Hand,
bis warmer Sand
durch unsere Finger rinnt

und eine stille Sonne
unseren Lippen flüstert
von der Flut
der Liebe
zweier
fast vergessener Engel,

die bald
Wellen werden
treu dem Meer
und
mit uns schwimmen
in die Nacht.

# Die letzte Schneeerinnerung

Wie ein Schatten,
der vom
Mond gestreichelt
an einen Laternenpfahl
gelehnt,
möchte ich
auf dich warten,

bis
die letzte Schneeerinnerung
den Morgentau berührt

und das Geheimnis
einer fernen Traurigkeit
sich der Gewissheit
schlafender Blumen offenbart,

um zu flüstern
von der Versuchung
zarter Sonnenstrahlen,
die das Frühlingswunder
nur geträumt.

# Verschönt verhöhnt

Dass da eine Insel ist,
irgendwo im Meer,

zweifellos mit mindestens
zwei Palmen darauf,

an die wir
mit dem Rücken
gelehnt gefesselt
uns gegenseitig betrachtend
reden über die Dinge
des Lebens,

bis
ein wunderschöner Sonnenuntergang
unser Glück
verschönt verhöhnt.

# Wimpernschlag

Würzig
warmer Wimpernschlag,
einer Seele,
die bereit,
zur
Entfaltung dieses Schwingens,

zarte
Ahnung eines Glücks ...,

in unendlicher Bewegung
als Berührung
hier und jetzt.

# Weg

Kind
deiner Eltern,
geh'
deinen Weg,
achte dein Können,
hör' auf dein Herz,

Kind
deiner Eltern,
versteh'
deinen Sinn,
du bist
die Sprache,
du bist Kultur,

Kind
deiner Eltern,
wirst Zukunft gestalten
auf
dem Weg
zu dir selbst!

# Oktoberatem

Lass
mich leise
deinen Namen sagen,

noch einmal,
noch einmal,

lass
die Vögel
heute himmlisch kreisen,

noch einmal,
noch einmal,

mild und feucht
ist der
Oktoberatem,

oh
wie sind wir
neugeboren,
wenn sein
Farbennebel
still verblasst.

# Baum

In einem nahen Park
bedrückt den alten Baum
die Erinnerung zu stark
an seinen letzten Traum.

Da flüsterte der Wind
dem nächsten trüben Schauer,
wie wir Menschen sind
in unserer steten Trauer.

Auf seiner weisen Haut,
vergessen von den Farben,
klopfen jetzt fast laut
aus Herz geritzte Narben.


# Clown

Der groß karierte Gleiter
fliegt mit schlechten Launen,
nur eine Träne weiter
schwebt das stete Staunen.

Als etwas bunter Reiter
neckt er böse Drachen,
ihr Stolpern ziemlich heiter
zaubert dir ein Lachen.

Tanzend auf der Leiter
trotzt er jedem Hohn,
sein Lächeln immer breiter
ist deiner Zweifel Lohn.

## Strahlen

Die Kühle dieser Nacht
bleibt von kurzer Dauer,
die Boten warmer Pracht
liegen auf der Lauer.

Mit dem ersten Licht
bricht ihr dunkles Schweigen,
als die goldne Schicht
formen sie den Reigen.

Der Strahlen früher Glanz
färbt des Sommers Thron,
nach ihrem nächsten Tanz
klatscht der wilde Mohn.

## Bis ich Hoffnung säe

Sag mir, wo dein Lächeln ist,
wo weilt es geborgen,

ich fühl, dass du Seele bist,
so mächtig, so verborgen,

ich zeig dir, dass ich glücklich bin,
so ganz in deiner Nähe,

und gebe dir mein Träumen hin,
bis ich Hoffnung säe.

# Gebet

Lass mich heil sein,
lass mich Teil sein,

von dem Reinen,
von dem Einen,
das von keinem

Leben nimmt.

Voller Fülle
ist der Wille
dieser Stille

fern im Kern,

mag ich dich gern,

voller Treue
ist die Reue
ohne Sünde

deren Gründe
nur von Menschen

sind bestimmt.

# Wüstennacht

Wenn all das Lachen
vergessen ist,
wenn all das Machen
vermessen ist,
wenn all die Schönheit
unmenschlich scheint,
wenn all die Trauer
Vergebung meint,

in der Wüstennacht

mir selbst, für den, der ich bin,

die Würde der Rebellion verleihen,

für mich kämpfen, für mich sein, für mein Sein.

# Liebe Worte

Frau,
ich will,
dass du weißt,
wie sehr
du mich verzauberst,

vor
allem aber,
welch wirklich wundervoller
Mensch
du für mich
bist,

mit
dem ich
so gerne zusammen
bin,

den ich
dankbar achte,

weil
in deinem
köstlich klugen Kopf
trotz alledem
Fröhlichkeit und Menschlichkeit
regieren,

ich hoffe,
dass du das
fühlst,

und ich
möchte dir erzählen
mich,
von dir dich
erfahren,

wenn du willst,
mit
dir Augenblicke teilen,
still sein
nach der Märchenzeit,

ja,
ich hoffe,
dass die Worte
wiegen
nicht zu schwer,

denn die
Wahrheit ist:

ich vermiss dich
manchmal sehr!

# Trost zum Abschied

Ich wünsche mir
und hoffe,
dass da immer
ein Mensch
sein wird,
der dir sagt:

„Nichts
ist es wert,
sich zu verändern.
Das Leben lässt
dich wachsen,
Stück für Stück,
wenn Du
lebendig bist.

Und Du bist
auf Deine Weise
lebendig,
sehr lebendig.
Das macht Dich
einzigartig,
das macht Dich
liebenswert.

Alles wird gut,
mein Liebling.
Was
auch geschehen mag,
hab keine Angst.
Wenn
Du mich brauchst,
bin ich
bei Dir
und tröste Dich.

Bleib einfach
wie Du bist,
denn Du bist
wirklich wundervoll,
genau so,
wie Du bist!"

# Inhaltsverzeichnis

**[ Artikel 17: Menschenrecht auf Eigentum ]**

# Der Wald ist ihr Zuhause.
## Spekulanten
## geht er nichts an.

„Brot für die Welt" hilft Naturvölkern, das Recht
auf ihr Land gesetzlich geltend zu machen.
Mit Ihrer Unterstützung können wir eine Menge bewegen:
www.brot-fuer-die-welt.de

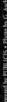

Powered by PUBLICIS • Photo by G. Aschoff

## Brot
### für die Welt
Postbank Köln 500 500-500

Deutsches
Zentralinstitut
für soziale
Fragen/DZI

DZI Spenden-Siegel
Geprüft+Empfohlen